+B.

par Le Roy de Barincourt
d'après Barbier.

2122

2918

PRINCIPE FONDAMENTAL DU DROIT DES SOUVERAINS.

> Si je pouvois faire ensorte que chaque citoyen eût de nouvelles raisons d'aimer son Prince, sa Patrie, ses Loix, le Gouvernement sous lequel il est né ; je me croirois le plus heureux des mortels.
>
> Mont.... *Préface de l'Esprit des Loix.*

2 vol. *in-8°.* broché, 10 liv. pour Paris ; & 11 liv. franc de port, par tout le Royaume.

A GENEVE;

Et *se trouve* A PARIS,

Chez BRIAND, Libraire, Quai des Augustins, n°. 50.

1788.

PRINCIPE
FONDAMENTAL
DU DROIT
DES SOUVERAINS.

TOME PREMIER.

PRINCIPE
FONDAMENTAL
DU DROIT
DES SOUVERAINS.

Si je pouvois faire ensorte que chaque citoyen eût de nouvelles raisons d'aimer son Prince, sa Patrie, ses Loix, le Gouvernement sous lequel il est né ; je me croirois le plus heureux des mortels.

MONT.... *Préface de l'Esprit des Loix.*

TOME PREMIER.

A GENÈVE.

1788.

PRÉFACE
DE L'AUTEUR.

Qui connoîtroit l'Auteur de cet Ecrit, diroit, cet homme étoit muet de naiſſance, il a vu ſa patrie, qu'il aime comme on aime une mère, s'approcher inconſidérément d'un précipice dont les bords paroiſſoient preſque attrayans, & dans ce moment critique, l'effort impétueux de la nature troublée a fait qu'il a pu s'écrier : arrête chère Patrie !

AVERTISSEMENT
NÉCESSAIRE.

Ce Discours est un tissu de raisonnemens, l'Éditeur n'ayant pu en suivre l'impression aussi scrupuleusement qu'il l'auroit desiré, attendu son éloignement, prévient ses Lecteurs qu'il est nécessaire qu'ils veuillent prendre la peine de jetter un coup-d'œil sur chaque faute d'impression qui sera indiquée par l'*Errata* mis à la fin de chaque Volume, & de les corriger de leurs propres mains avant d'en entreprendre la lecture.

PRINCIPE FONDAMENTAL *DU DROIT* DES SOUVERAINS.

C'est une vérité sensible à tous les esprits, qu'il réside dans les différens Souverains, formés par la diversité des constitutions politiques, un droit qui ne le cede en énergie à nul autre droit. Le préjugé s'accorde sur ce point avec la raison. Mais, il est d'une extrême importance, que cet heureux préjugé se change en une certitude avérée; il est d'une extrême importance que le droit, dont il s'agit, soit

Premier motif de traiter le sujet annoncé. Instabilité du préjugé sur ce point.

constaté & certifié par une démonstration directe, & qu'on parvienne à fouiller jusqu'à ses racines. Quand on imagine de prétendues conventions formelles, ou tacites, pour en être l'unique base, quand il se trouve enté de la sorte, sur des principes purement factices, il n'en reçoit aucun soutien, aucune vigueur, & risque de succomber au premier examen. Des conventions nécessairement viciées par le défaut de liberté, par le défaut de connoissance, par le défaut de pouvoir dans les contractans, quelle espèce de droit auroient-elles fait éclore ?

<small>Second motif de traiter le sujet annoncé ; dangereuses conséquences du préjugé sur ce point.</small>

DE plus, par une fatalité sujete à des retours, n'est-ce pas dans ces conventions chymériques qu'ont été puisées, comme dans une source empoisonnée, la révocabilité presqu'arbitraire des Souverains & d'autres conséquences bien plus odieuses & non moins erronées ?

<small>Ce qui rend ces motifs plus pressans.</small>

C'EST en matière politique que l'erreur est plus dangereuse. De grands talens, alliés aux plus grands vices, dans les auteurs des révolutions, ont opéré leur succès; de faux dogmes politiques leur en ont façonné, pour ainsi dire, & fourni les instrumens.

Il ne suffit donc pas qu'on reconnoisse, vaguement, dans les Souverains un droit équivoque & ténébreux; il faut que l'origine ou la formation de ce droit, soit exactement rapportée à sa véritable cause productrice, & ne soit plus attribuée à des principes étrangers & caducs.

Quel est donc le titre qui constitue la légitimité de chacun des Souverains? Quel est le titre qui leur imprime un auguste caractère, qui leur confère un droit inviolable, qui fait, en un mot, que la justice par essence, ou Dieu lui-même, confirme le Souverain muni de ce titre, l'autorise & le consacre? Etat de la question.

Voilà ce qu'il est très-important d'expliquer.

Qu'on réfléchisse d'abord sur la nature de l'homme; on reconnoît aussi-tôt la nécessité Plan & division de ce Discours.

A 3

[6]

<small>Examens préliminaires.</small> d'un gouvernement & d'un Souverain. On découvre auſſi, dans le même fond, les propriétés eſſentielles, les différentes branches, l'étendue & les limites naturelles de l'autorité ſouveraine, en quelques mains qu'elle ſoit placée.

<small>Autres examens préliminaires.</small> Qu'on examine enſuite en quelles mains l'autorité ſouveraine peut être placée; qu'on approfondiſſe en particulier la nature de chaque forme d'adminiſtration; qu'on médite de plus ſur la liberté naturelle & ſur la liberté politique; qu'on acquiere ainſi, ſur l'une & ſur l'autre, des notions claires & juſtes; auſſi-

<small>Première conſéquence de ces examens.</small> tôt on voit la monarchie, par des traits ſaillans & profonds, ſe dégager de toute ombre de deſpotiſme, comme auſſi de toute ombre d'ariſtocratie. Pour lors, la liberté, créée

<small>Seconde conſéquence de ces examens.</small> (comme on n'en doute plus après qu'on a ſçu ſe la définir ſtrictement) & conſervée ſans ceſſe par la puiſſance publique, & par cette même puiſſance, toujours menacée de quelques atteintes, ne paroît pas en être plus

menacée, dans la Monarchie que dans aucune République.

Après cette première ébauche, qu'on acheve encore le parallele des différentes formes de gouvernement, on les voit se balancer réciproquement par les avantages & les inconvéniens qu'elles renferment.

<small>Suite des examens préliminaires : parallele des différens gouvernemens. Résultat de ce parallele.</small>

Pour asseoir & le titre & le droit d'un Souverain soit individuel, soit collectif, vainement donc les fera-t-on porter sur une perfection absolue dans son organisation politique, ou même sur une perfection relative.

<small>Conséquence générale de ce parallele & des examens antérieurs. C'est une premiere proposition préalable à la solution de la question.</small>

D'un autre côté, vouloir indiquer pour fondement du droit des Souverains, & leur assigner pour titre, la régularité parfaite ou peu mélangée des procédés mis en usage au tems de leur institution, ce seroit envelopper de ténèbres & plonger dans un gouffre de discussions incertaines, le titre qui doit être le plus apparent, le plus incontestable, &

<small>Seconde proposition préalable à la solution de la question.</small>

A 3

le droit qui doit être auſſi, comme il eſt en effet, le plus évident & le plus ſenſible.

Toutes ces aſſertions préalables conduiſent par une pente naturelle à la propoſition ſuivante, qui fera le fond de ce diſcours.

<small>Solution de la queſtion.</small> DANS toutes les conſtitutions, dignes d'entrer en parallele les unes avec les autres, la poſſeſſion actuelle fut, dans tous les tems, & n'a pas ceſſé d'être, pour tous les Souverains, individuels ou collectifs, un titre inviolable & ſacré. Elle ſeule eſt propre à remplir cet office, parce qu'elle n'eſt pas un titre purement intellectuel, mais un titre extérieur & viſible, qui ſeul, en frappant tous les yeux, peut réunir tous les eſprits & toutes les opinions.

Le droit annoncé par ce titre, quoiqu'il n'ait eu pour cauſe occaſionelle aucun attentat commis par les poſſeſſeurs de ce droit, ou leurs auteurs, eſt toujours de ſa nature purement externe, c'eſt-à-dire, qu'il produit tous les effets extérieurs d'un droit & n'a ſa racine dans aucune considération personnelle au possesseur de ce droit.

L'UNION du droit à la possession actuelle est toujours opérée & cimentée, dans l'ordre politique, par l'intérêt le plus évident & le plus essentiel de tout le genre humain. La raison est donc invinciblement contrainte de reconnoître cette union, de l'avouer, de la proclamer. *Comment la solution de la question est démontrée juste.*

Et la raison préside à tout l'ordre moral, elle seule y fait entrer, y fait présider la Religion au-dessus d'elle. Elle est le premier anneau de nos différentes chaînes, de droits & de devoirs, & l'évidence dans les décrets de la raison est le sceau de Dieu même.

Il faut développer toutes ces assertions, en expliquer scrupuleusement chaque terme, leur opposer front à front les préjugés qu'elles dissipent, les difficultés qu'elles éclaircissent ; il faut en un mot ne rien omettre de ce qui peut aider à la conviction & la prémunir contre toute espece d'atteintes.

Ce qui sert de recommandation à ce Discours: il est comme extrait de l'Esprit des Loix.

POUR exécuter ce dessein, il suffira de transcrire, avec plus d'étendue ce que l'Auteur de l'Esprit des Loix a trop resserré. Cet aveu dicté par la justice remplacera de trop nombreuses citations marginales, dont la pénible recherche manqueroit encore d'exactitude. Les vérités consignées dans l'ouvrage le plus étonnant, ont souvent fait leur impression sans laisser aucun souvenir de la page & du chapitre qui les contiennent. En un mot, l'Auteur de l'Esprit des Loix a tout dit sur la question présente. Il n'a pas tout fait entendre. L'immensité de sa matière n'a pas cessé de l'effrayer; peut-être même, a-t-il oublié que des idées, devenues pour lui trop familières, dans une contemplation de vingt années, n'en auroient pas moins pour ses lecteurs, à la première vue, l'air étranger. Enfin, il s'est peint lui-même, en voulant peindre Tacite : c'est de lui sur-tout qu'il convient de dire, il abrégeoit tout, parce qu'il voyoit tout.

PREMIERE PARTIE.

Quelle est la destination des Gouvernemens ? c'est de maintenir la société parmi les hommes, & de leur en assurer les avantages. En conséquence, pour entrer en matière, pour prouver que les Gouvernemens, considérés en eux-mêmes & seulement comme possibles, sont des institutions susceptibles d'une entière validité, faut-il ici justifier d'abord la légitimité de la fin à laquelle ces institutions se rapportent ? Faut-il, à cet effet, remonter à l'état de nature, & juger si l'état social a vraiment été nécessaire, ou du moins très-utile à l'espece humaine ? Faut-il rechercher si l'homme, par ses propres efforts, a pu passer d'un état à l'autre, & s'élever à celui de société dans la succession des tems, par le seul développement de ses facultés naturelles ?

Les institutions politiques sont légitimes en ce qu'elles ont un but légitime, le maintien de la société entre les hommes.

Il n'est pas probable que l'homme se soit tiré par lui-même de l'état de nature.

Il n'est pas probable que l'homme ait inventé la première langue.

FAUT-IL examiner si les langues, par exemple, ont pu naître & s'établir par des moyens purement humains? Faut-il examiner s'il étoit possible que l'homme ne dût qu'à lui-même la découverte de cet art de communiquer ses pensées, & de lier un commerce entre les esprits?

En supposant qu'on imagine comment les sons de la voix auroient été pris pour interprètes conventionnels de nos idées, faut-il faire observer qu'on ne sçauroit imaginer quels auroient été les interprètes mêmes de cette convention, pour les idées qui, n'ayant aucun objet sensible & ne pouvant s'indiquer par le geste, n'auroient pas pu non plus s'indiquer par la voix avant cette convention? Et tandis qu'un fameux Auteur moderne en a desespéré, faut-il entreprendre la solution de ce problême: lequel a été le plus nécessaire, de la société déjà liée à l'institution des langues, ou des langues déjà inventées à l'établissement de la société?

[13]

Ou, s'appuyant sur l'insolubilité de ce problême, faut-il se hâter de conclure que l'homme n'a point tissu les principaux liens qui l'attachent à l'état social ?

Ou, pour écarter des recherches conjecturales, trop riche matière à débats, & pour ne pas s'armer de simples probabilités, si voisines qu'elles soient de la certitude, faut-il au moins rappeller, à l'exemple du même Auteur moderne, que le premier homme ayant reçu de Dieu des lumières & des préceptes, n'étoit pas lui-même dans l'état de nature, & qu'en ajoutant, aux écrits de Moyse, la foi que leur doit tout philosophe chrétien, il faut nier que, même avant le déluge, les hommes se soient jamais trouvés dans l'état de pure nature ?

Selon l'Ecriture Sainte, l'homme, même avant le déluge, n'étoit point dans le pur état de nature.

FAUT-IL rappeller aussi sur les traces de l'Auteur de l'Esprit des Loix, que l'état social est la suite & l'exécution d'une loi naturelle, c'est-à-dire, d'une de ces loix qui dérivent de la constitution de notre être doué de sentimens,

L'état social est la suite & l'exécution d'une loi naturelle.

& doué de réflexion, ou de la faculté d'acquérir des connoissances? « Outre le senti-
» ment que les hommes ont d'abord, ils
» parviennent encore, dit notre Auteur, à
» avoir des connoissances. Ainsi, ils ont un
» second lieu que n'ont pas les animaux. Ils
» ont donc un nouveau motif de s'unir, & le
» désir de vivre en société est une quatrieme
» loi naturelle ».

<small>L'état social étoit nécessaire à l'exercice, comme au développement des facultés morales de l'homme.</small>

FAUT-IL ajouter que l'état de nature eût été pour l'homme moral un état de mort? Cette merveilleuse constitution de l'homme, où la liberté paroît assise entre la foiblesse & la force, entre les penchans & la réflexion, pour ne pas demeurer nulle & sans usage, demandoit cet état social; où des amorces sont préparées, & des pièges sont tendus à la foiblesse; où la force acquiert des lumières, des motifs, des secours capables d'assurer son triomphe; où se présente dans sa vaste étendue la noble & pénible carrière de la vertu. Ne semble-t-il pas que Dieu se devoit de créer un agent à la vertu, puisqu'il ne pouvoit l'être lui-même, puisqu'elle est la perfection d'un être imparfait, puisqu'elle consiste dans un sacrifice, soit purement généreux, & l'effet de l'attrait délicieux de la sensibilité, soit forcé par une contrainte morale, & la suite d'une obligation imposée par la justice, mais toujours l'acte glorieux d'une volonté libre.

FAUT-IL donc, en un mot, par le concours du raisonnement & de l'autorité, montrer ainsi d'abord, que la réunion des hommes en société, conforme au vœu de la nature, suite nécessaire de la loi naturelle & de la constitution de l'homme & par conséquent de la volonté Divine, fut encore formellement l'ouvrage de Dieu même, qui, de sa puissante main, non-seulement a posé les premiers fondemens de l'édifice, mais l'a porté de plus à sa première élévation? *L'état social est donc conforme à la volonté de Dieu.*

TOUT cet appareil enfin est-il nécessaire pour faire sentir que Dieu, voulant la fin, c'est-à-dire la société, veut aussi les moyens, *Les institutions politiques sont donc conformes à la volonté de Dieu.*

c'est-à-dire les gouvernemens, sans lesquels la société ne sçauroit être maintenue ?

Non, il n'est pas besoin de s'enfoncer dans les conjectures, ni de se perdre dans la profondeur des décrets divins, pour appercevoir la validité des institutions politiques, & reconnoître qu'elles ont un but très-légitime.

<small>Après une longue jouissance de l'état social, sa nécessité & celle des gouvernemens est devenue plus grande & plus indubitable.</small>

Pour qui n'est-il pas évident, que la vie sociale a dû faire en peu de tems sur l'espece humaine des impressions ineffaçables, &, qu'après une courte jouissance de cet état, le retour à l'état de pure nature n'étoit plus possible, ou qu'il auroit entraîné la destruction du genre humain ? Pour qui n'est-il pas évident que les gouvernemens sont devenus nécessaires à l'espece humaine, au même instant où s'est formée pour elle la nécessité de la vie sociale ? Et lorsque cette double nécessité s'est accrue & fortifiée de jour en jour depuis tant de siécles, pour qui n'est-il pas évident, que les institutions politiques s'élevent par leur objet

objet final, au plus haut degré de mérite & de validité ?

Ici la fin annoblit les moyens. L'excellence de l'une n'est cependant pas l'excellence des autres. L'imperfection des institutions politiques, quoique dirigées vers une fin si relevée, est une suite inévitable de l'imperfection de notre nature. Mais si les Gouvernemens sont des institutions nécessaires, comme il vient d'être dit, c'est aussi par une suite de notre imperfection naturelle. Ces idées se combinent d'elles-mêmes; elles sont corrélatives, inséparables. En attachant donc nos regards sur la structure particulière des diverses constitutions politiques, en les comparant l'une à l'autre; en rapprochant, à cet effet, respectivement les avantages & les inconvéniens qu'elles renferment; en envisageant ainsi dans l'imperfection des Gouvernemens une conséquence de notre imperfection naturelle, il ne faudra pas perdre de vue l'autre conséquence de notre propre imperfection, sçavoir la nécessité des

Ce qui rend les Gouvernemens necessaires les rend encore nécessairement imparfaits.

[18]

Gouvernemens, conséquence si connexe avec la précédente. Personne ne peut oublier aussi que la nécessité de faire usage d'un ressort en doit couvrir absolument le défaut de perfection.

<small>Ce qui est commun à toutes les institutions politiques, aux différens Souverains.</small>

LES institutions politiques étant donc des institutions nécessaires, cherchons d'abord à saisir ce qu'elles ont de commun; appliquons-nous à considérer en lui-même le Souverain, individuel ou collectif; découvrons-en les propriétés essentielles & nécessaires.

<small>Les institutions politiques produisent la force publique destinée à procurer la sûreté tant au dedans qu'au dehors.</small>

PAR ce que les hommes sont rassemblés, leur sûreté est menacée au dedans, & parce qu'ils habitent une trop grande planéte & sont trop nombreux pour ne faire qu'un seul peuple, leur sûreté est encore menacée au dehors. Mais dans chaque société, de la réunion des forces particulières, naît la force publique qui protège & défend les membres de la société tant au dedans qu'au dehors.

<small>La force publique ne peut être bien diri-</small>

LA force publique n'est & ne peut être appropriée à ce double usage que par la direction d'une volonté certaine, déterminée & clairvoyante. Pour qu'une aggrégation d'hommes fasse donc un ensemble, se présente sous l'aspect d'un corps politique & convienne à sa destination, il faut que les intelligences & les volontés particulières soient toutes réduites à l'unité, sur tout ce qui tient à l'existence commune & sociale.

gée si les volontés ne sont pas réunies.

De même que l'ame humaine entre nécessairement dans la nature de l'homme, pour se régir en se repliant sur elle-même, & pour régir le corps, entretenir le concert & l'harmonie entre tous ses membres, pourvoir à ses besoins, modérer ses appétits & diriger ses mouvemens & ses forces; de même, pour qu'une aggrégation d'hommes se changent en un corps politique, & pour que ce corps puisse subsister, il faut qu'il ait une ame qui le vivifie, qui soit commune à tous ses membres, qui concentre ou développe leur action, qui distingue le but & les dispose à l'atteindre, qui les fasse concerter & se correspondre, qui

Le Souverain, individuel ou collectif, est donc la volonté commune, ou l'ame de l'état.

remplisse, en un mot, dans le corps politique, les fonctions de l'ame dans le corps humain.

Les simples sujets sont les membres intelligens du corps politique.

TELLE est dans chaque état, la propriété constitutive, essentielle du Souverain. Telle est l'idée que le nom du Souverain doit porter à l'esprit. Le Souverain est l'ame de l'état, & les simples associés sont à l'état ce que sont à chacun ses propres membres; avec cette différence que les membres du corps humain n'ont qu'une vie purement machinale qui consiste dans le mouvement, au lieu que les membres du corps politique sont des êtres animés & tout-à-la-fois intelligens. En con-

Les sujets sont donc indépendans en tout ce qui est étranger à l'existence commune.

séquence, dans le moral & dans le physique, l'ame, ou l'intelligence particulière de chaque associé civil régle sa vie naturelle & privée sur tout ce qui ne tient pas à l'état social, chaque citoyen conserve le libre & plein exercice de sa volonté particulière.

PUISQUE la force publique, pour être appliquée à sa destination, veut être sans cesse dirigée par une volonté certaine & déterminée, ce n'est donc pas l'unanimité des suffrages de tous les membres d'une société qui peut en être le Souverain, parce que la continuité d'un tel concert, accompagné d'une véritable délibération, ne se laisse pas même appercevoir en idée. Mais une seule personne, ou la pluralité des suffrages d'un corps; ou même, comme en Angleterre, le concours de l'opinion d'un seul avec la pluralité des suffrages d'une compagnie, peut être le Souverain ou l'ame du corps politique. La combinaison du Souverain collectif peut même se varier presqu'à l'infini.

L'unanimité des suffrages ne peut être le Souverain d'un état. Mais ce Souverain peut être individuel ou collectif.

Au surplus, que le Souverain à l'extérieur soit individuel, ou qu'il soit collectif sous telle combinaison raisonnable qui puisse être imaginée, sa volonté dans la forme & dans toute la portée qu'elle doit avoir, représente toujours le parfait accord de tous les membres de l'état, & n'a pas moins de vertu que n'en auroit leur consentement unanime le plus formel & le plus éclairé.

Quelque soit le Souverain, sa volonté, dans sa sphère, oblige tous les membres de l'état, comme les obligeroit leur consentement.

Quand les Jurisconsultes disent que la loi civile est la commune convention des citoyens, *Lex communis sponsio civitatis*; quand ils font entendre que la loi civile affecte la conscience, à titre d'engagement personnel proprement dit; cette maxime, prise à la lettre, est aussi juste que profonde.

Cette force intrinseque de la volonté du Souverain, soit individuel, soit collectif; cette vertu qu'elle a de représenter le consentement unanime de tous les membres de l'état & d'enchaîner leur conscience par les liens que forment les engagemens personnels; cette incontestable vertu naît de la nécessité de son existence pour le soutien de la société, que la nature de l'homme lui rend nécessaire. En chaque état politique, l'autorité du Souverain, individuel ou collectif, dans toute l'étendue de l'exercice qu'elle doit avoir, est donc pour tous les membres de l'état, une régle sacrée. C'est une loi pour eux, semble dire ici M. de Montesquieu, c'est une loi, selon la

[23]

signification la plus étendue de ce mot, puisque c'est un rapport nécessaire qui dérive de leur nature. « Les loix, dit-il, en commen-
» çant, dans la signification la plus étendue,
» sont les rapports nécessaires qui dérivent de
» la nature des choses, & dans ce sens, tous
» les êtres ont leurs loix ; la Divinité a ses
» loix, le monde matériel a ses loix, les in-
» telligences supérieures à l'homme ont leurs
» loix, les bêtes ont leurs loix, l'homme a
» ses loix ».

MAIS, cette vertu dont est douée dans chaque état l'autorité souveraine, se perd & s'éteint hors de sa sphère d'activité. Déterminons donc, ou plutôt reconnoissons ici par des vues générales, & d'après la nature des choses, l'étendue que doit avoir l'exercice de cette autorité. L'exercice de l'autorité souveraine a d'abord une mesure bien marquée par la fin qu'il doit remplir & qui le rend nécessaire. Il ne peut excéder ce qui tient à l'existence commune & sociale ; il est absolument

Premières limites de l'autorité souveraine ; celles de sa destination.

B 4

circonscrit par les relations tant externes qu'internes du corps politique ; mais il est encore resserré par d'autres limites, par les loix politiques constitutives, du moins si le Souverain n'est pas un corps de peuple, & par l'évidence des régles de la justice, quelle-que soit la nature du Gouvernement.

<small>Secondes limites: l'autorité des loix politiques constitutives.</small>

<small>Troisiemes limites: l'évidence des règles de la justice.</small>

DANS l'idée même de la justice est contenue l'idée d'une obligation de s'y conformer, qu'elle impose à tout être qui la connoît. Tel est l'homme. Presque dès le berceau, ses regards se levent sur la justice, il la discerne par sentiment, avant de la démêler par réflexion ; plus il s'attache à la fixer, plus sa vue, au lieu d'en être éblouie, s'étend & se fortifie ; plus il devient capable de cette contemplation. C'est donc une loi pour l'homme d'être sujet à l'empire de la justice ; c'est une loi pour lui, puisque c'est un rapport nécessaire qui dérive de sa nature.

<small>L'homme, par sa nature, est sujet à l'empire de la justice.</small>

<small>L'état social rend l'homme plus suscepti-</small>

Au sein de la société, les lumières de l'homme se multiplient ainsi que ses rapports :

en même-tems ses devoirs se multiplient avec ses rapports & ses lumières; & les liens de la justice qui s'étendent à mesure qu'il s'étend lui-même, le serrent néanmoins toujours plus étroitement. Chaque état politique, composé d'hommes, qui sont, ou l'ame, ou les membres de l'état, est donc asservi dans toutes ses relations, soit internes, soit externes, à l'empire de la justice. Cet asservissement à l'empire de la justice, est une loi pour chaque état, puisque c'est un rapport nécessaire qui dérive de sa nature.

ble d'être sujet à l'empire de la justice.

Les sociétés d'hommes sont donc sujettes par leur nature & dans toutes leurs relations à l'empire de la justice.

Les relations externes du corps politique sont celles que les diverses nations ont entre elles. Les relations internes sont de deux sortes; celles que ceux, qui gouvernent, ont avec ceux qui sont gouvernés, & celles que les citoyens ont entre eux. Ce qui doit donc servir de boussole dans les relations entre le Souverain & les sujets, c'est la combinaison de l'intérêt commun avec les régles de la justice. Le résultat de cette combinaison est ce qu'on

De ces principes, suit la définition de ce qui sert à régler les diverses relations du corps politique; c'est-à-dire, d'abord, objet & définition du droit politique.

appelle le droit politique, dont les principes primitifs font gravés & fe lifent dans la feule raifon; dont les principes ultérieurs quelquefois font atteftés par des actes folemnels que l'ufage a confirmés, & le plus fouvent, font uniquement confignés dans l'entendement humain & dans l'exécution fuivie qu'ils ont reçue.

<small>Objet & définition du droit civil.</small>

CE qui doit donc encore fervir de bouffole dans les relations que les citoyens ont entre eux, c'eft la combinaifon des régles de la juftice tant avec l'intérêt commun qu'avec l'intérêt particulier, qui, fagement modifié, rentre dans l'intérêt commun. Le réfultat de cette combinaifon eft ce qu'on appelle le droit civil, dont les principes généraux & primitifs, parce qu'ils fe préfentent d'eux-mêmes à la penfée, n'ont pas toujours été rédigés en forme de loix pofitives, & n'en portent pas moins le caractère de loix, & n'en ont pas moins tous les effets.

CE qui doit enfin fervir de bouffole dans

les relations que les différentes nations ont entre elles, c'est la combinaison des régles de la justice, tant avec l'intérêt commun de toutes les nations qu'avec l'intérêt particulier de chacune, qui, sagement modifié, rentreroit dans l'intérêt universel. Le résultat de cette combinaison est ce qu'on appelle le droit des gens, dont les principes primitifs sont gravés & se lisent dans la seule raison, & dont les régles ultérieures sont déposées dans les conventions & les traités.

Objet & définition du droit des gens.

Les loix politiques entre lesquelles le choix est libre avant qu'elles soient établies, constituent la nature & l'espèce particulière du Gouvernement; elles le font être Monarchique, Démocratique, Aristocratique ou Mixte; selon que le Souverain est une seule personne, ou la pluralité des suffrages de tous, ou seulement la pluralité des suffrages de plusieurs. Dans chaque état, l'institution des loix politiques constitutives, & l'institution du Souverain ont été nécessairement simultanées. Les

La nature des loix constitutives ne permet pas qu'elles empruntent de Souverain leur autorité.

loix conſtitutives ne ſont donc point l'ouvrage du Souverain. Elles n'ont pas puiſé leur autorité dans la ſienne. Elles ſont la deſcription ou l'image de ſa propre nature. Il ne les a donc pas créées, parce qu'il ne s'eſt pas créé lui-même & n'étoit pas Souverain avant de le devenir.

Dans l'hypothéſe même d'un peuple ayant fondé, ſi l'on veut, à la pluralité de ſes ſuffrages, un Gouvernement démocratique, ayant ainſi créé Souverain la pluralité ſucceſſive de ſes propres ſuffrages, dans cette création de Souverain & de loix conſtitutives, ce peuple n'auroit point agi comme Souverain, mais comme peuple, comme aggrégation d'hommes.

Le conſentement d'un peuple à l'établiſſement même de la démocratie n'auroit pas ſuffi pour la conſacrer, parce que ce conſentement eſt aveugle.

Le mérite intrinſeque & la validité d'un pareil acte n'auroient eu d'ailleurs dans une délibération populaire qu'un impuiſſant & fragile appui. Pour peu qu'on inſiſte, dans cette matière, ſur la prétendue efficacité du conſentement d'une multitude; on ſe ſent, pour ainsi dire, lutter, sans succès, contre la raison à demi cachée sous un léger voile. On ne conçoit pas même en idée l'assemblée régulière d'une multitude sans gouvernement, sans chefs, sans magistrats, & la question sur le choix d'un gouvernement, exposée & discutée sans tumulte, sans contrainte. Quand la Démocratie s'est introduite dans quelques villes de la Grèce, le peuple, malgré le vain simulacre de ses délibérations, ne s'est pas donné cette forme de gouvernement; il l'a reçue. En général, en fait d'institution de gouvernement, la majorité, l'unanimité même des suffrages ne fut jamais, comme elle ne pourroit jamais être, que le produit du manège & des vues particulières de quelques-uns, & d'un défaut de vues dans la multitude. Aussi-tôt qu'on veut apprécier l'aptitude du peuple pour les décisions qui sont du ressort de la réflexion, du jugement, de l'étendue des lumières, une des vives peintures de M. de Montesquieu semble repasser devant

les yeux. « Le peuple, dit-il, a toujours
» trop ou trop peu d'action. Quelquefois
» avec cent mille bras il renverse tout, quel-
» quefois avec cent mille pieds, il ne va que
» comme les insectes ». Non, qu'on ne se
flatte pas de découvrir dans les délibérations
populaires soit la puissance créatrice d'un
Souverain tel qu'un corps de peuple, soit une
puissance créatrice de tous les différens Souverains & des différentes loix constitutives.
Isolée & séparée de toute considération d'un
ordre supérieur, & restreinte à sa propre vertu,
la pluralité, l'unanimité même des suffrages
d'un corps de peuple, ne peut pas être envisagée, comme la puissance créatrice d'un
Souverain, valablement institué, ni de loix
constitutives dignes du nom de loix, c'est-à-
dire, capables de produire des obligations.
Pour voir disparoître, à l'instant, ce fantôme
de délibérations populaires & sa chimérique
vertu, il suffit de lever les yeux sur une vérité
simple & comme placée à la portée de nos

premiers regards. Détaché des considérations qui le rendent efficace & valable, un consentement aveugle est un consentement nul.

Un consentement aveugle n'est pas même un consentement. Ce n'en est que l'ombre & la trompeuse apparence. Il n'existe de consentement, efficace par lui-même ou réel, que par la réunion des qualités qui sont inhérentes à sa nature.

DANS le droit civil, il est vrai, quoiqu'il soit le plus plausible & le plus vraisemblable, que des conventions ont été la suite du défaut de connoissance de quelque loi, l'exécution de ces conventions n'en est pas moins prononcée. Ignorer le droit n'est point une excuse; telle est la maxime du droit civil, & la dernière classe des citoyens que tout éloigne de la connoissance des loix, n'est point exceptée de l'application de cette régle. Elle pèse, il faut l'avouer, avec une inégalité marquée, sur cette classe nombreuse de citoyens. Ce n'est pas aussi la seule occasion, où la

Vainement objecteroit-on le droit civil qui force d'exécuter des engagemens que l'aveugle ignorance a fait contracter.

société qui, semblable à la nature, voit tous les hommes avec les yeux d'une mère, ne peut néanmoins leur assurer à tous les mêmes avantages.

Cependant comme l'ordre social est nécessaire à chacun en particulier, il est certain que chacun se fait à lui-même tous les sacrifices que l'ordre social exige. Dans ces sortes de sacrifices, chacun voit seulement prévaloir, sur quelqu'un de ses intérêts particuliers & momentanés son propre intérêt général qui, relatif à la majeure partie des circonstances de sa vie, peut bien se trouver contraire à son intérêt de tel instant, ou de telle position. L'intérêt général de chacun de nous ne se calcule pas d'après notre existence actuelle, mais d'après notre existence possible qu'il embrasse, comme telle, dans toutes ses formes régulières ou légitimes & dans toute sa durée, & même dans sa continuation ou son nouveau cours en la personne de nos descendans.

Mais, on ne prétend pas dire dans le droit

civil

civil qu'un confentement aveugle, lorfque le défaut de connoiffance des loix l'a rendu tel, foit un confentement réel. La validité d'un pareil confentement, quant aux effets extérieurs, n'a plus pour caufe immédiate cette loi naturelle qui fait un devoir aux êtres intelligens de remplir leurs engagemens. La validité, purement extérieure, d'un tel confentement, a pour caufe immédiate le concours de plufieurs motifs; la certitude d'un confentement apparent, & la certitude de l'exiftence de la loi, contre toute la vraifemblance du fait allégué qu'on ignoroit la loi; la néceffité d'un ordre conftant, qui ne foit point à tous les momens troublé par des exceptions, toujours juftifiées d'une manière équivoque; l'avantage de réduire le nombre de conteftations, l'avantage de ramener la décifion des conteftations à des points de droit, qui fçavent fe plier à des régles fixes, plutôt qu'à des points de fait qu'on auroit fujet de préfumer au lieu d'en avoir la preuve, & dont la vérification dépendroit d'un calcul épineux, suivi d'un résultat incertain & par conséquent arbitraire.

Ces motifs sont le nerf de la régle qu'ils ont introduite dans le droit civil. Ils sont la cause productrice du droit que renferme cette régle & de l'efficacité des consentemens qu'elle réalise. De même, des principes, qui sont étrangers à l'efficacité naturelle des consentemens, réhabilitent le consentement d'un peuple à la création de son Souverain & de ses loix constitutives, & ces principes, dès-lors, operent seuls la validité de cette création.

<small>Les loix constitutives ont donc pour titre extérieur leur exécution suivie & pour principe consécrateur l'intérêt général.</small>

En général, que des chartes, souvent le fruit des dissentions civiles, comme en Angleterre, que des capitulaires & d'autres actes formels, viennent à l'appui des loix constitutives qui sont en vigueur dans un état; ou comme il est plus ordinaire, que l'origine de ces loix soit enveloppée d'un nuage impénétrable; quand elles donnent un Souverain & non pas un despote (distinction qui sera rendue très-sensible) elles s'accordent avec la justice & la raison comme avec la nature de l'homme, & leur consistance est nécessaire au soutien de l'ordre social. Dès-lors, en vertu de l'intérêt essentiel de tous, & de chacun, suivant cette maxime, le salut du peuple est la suprême loi, dans l'exécution suivie qu'elles ont reçue, les loix constitutives trouvent un titre, aussi propre à les consacrer, qu'à les constater & à les manifester.

Voilà les motifs, voilà les principes qui, seuls, font briller à nos yeux la véritable cause productrice du droit dont les différens Souverains, & les différentes loix constitutives sont armés. Pour la formation de ce droit, les procédés connus ou non connus, antérieurs à l'institution du Souverain & des loix constitutives, n'ont d'autre rôle que celui de cause occasionelle. Le rôle supérieur de cause efficiente n'est réservé qu'aux principes qui viennent d'être énoncés. Leur vertu seule épure, féconde & vivifie tout ce qui devient sujet à son influence.

L'ordre social ayant été reconnu pour être un rapport nécessaire, qui dérive de la nature de l'homme, en se montrant nécessaire au maintien de l'ordre social, la consistance des loix constitutives, qui sont en vigueur dans chaque état, se fait également reconnoître pour un rapport nécessaire qui dérive de la nature de l'homme. La stabilité de ces mêmes loix est donc une loi pour tous ceux qui composent l'état, comme Souverains ou comme sujets. C'est une loi pour eux, selon la signification la plus étendue de ce mot.

<small>L'autorité du Souverain n'a donc point d'action sur les loix constitutives qui règlent son action.</small> LA même conséquence, pour ce qui concerne le Souverain, se fait encore appercevoir d'un autre point de vue. Dans chaque état, le Souverain, même un corps de peuple, n'ayant pu concourir à l'établissement des loix constitutives qu'en qualité de cause occasionelle, &, par rapport à la liaison intime de ces loix avec l'intérêt général, la raison leur imprimant elle-même immédiatement le caractère de lien moral par cette formule de

confécration ; le falut du peuple eft la fuprême loi ; c'eft une conféquence de ces vérités & de la nature des loix conftitutives, qu'elles ne font point fubordonnées à l'exercice de l'autorité fouveraine, dont elles réglent le cours & décrivent la circonférence.

Quoique la ftabilité des loix conftitutives de chaque état y foit une loi pour le Souverain & pour les fujets, il n'eft cependant pas impoffible que des loix conftitutives ayent variées, fans que les auteurs de l'innovation ayent été coupables. Le cours des événemens a pu rendre néceffaire une telle innovation. Pour l'effectuer, lorfque l'évidence en atteftoit la néceffité, les chefs d'une nation, ou dans une république, les citoyens les plus accrédités ont bien pu fe fervir des formes folemnelles pratiquées & révérées, & profiter de leur prééminence, de leur afcendant fur les efprits, d'une habitude générale de leur obéir, ou d'adopter leur opinion. Mais, dans l'autorité des chefs, dans le crédit des principaux

Cependant en certains cas de néceffité, les chefs des états y peuvent être la caufe occafionelle de certains changemens dans les loix politiques.

C 3

citoyens, dans le silence & la soumission, ou dans l'aveugle acquiescement du peuple, on ne voit que la cause occasionelle du nouveau droit qui s'est introduit; tandis qu'on en voit pleinement la cause efficiente dans ce principe primitif dont toutes les loix politiques secondaires dépendent; le salut du peuple est la suprême loi.

C'est encore la doctrine de M. de Montesquieu qu'on vient d'entendre. Voici comme il s'exprime : « Quand la loi politique qui a
» établi dans l'état un certain ordre de suc-
» cession, devient destructrice du corps poli-
» tique pour lequel elle a été faite, il ne
» faut pas douter qu'une autre loi politique
» ne puisse changer cet ordre, & bien loin
» que cette nouvelle loi soit opposée à la
» première, elle y sera dans le fond entière-
» ment conforme, puisqu'elles dépendent
» toutes deux de ce principe; le salut du
» peuple est la suprême loi ».

Un grand état, ajoute notre Auteur,

» devenu accessoire d'un autre état, s'affoiblit,
» & même affoiblit le principal. On sçait
» que l'état a intérêt d'avoir son chef chez lui,
» que les revenus publics soient bien admi-
» nistrés, que sa monnoie ne sorte point pour
» enrichir un autre pays. Il est important que
» celui qui doit gouverner, ne soit point
» imbu de maximes étrangères : elles con-
» viennent moins que celles qui y sont déjà
» établies : d'ailleurs les hommes tiennent
» prodigieusement à leurs loix & à leurs cou-
» tumes; elles font la félicité de chaque na-
» tion; il est rare qu'on les change sans de
» grandes secousses, & une grande effusion
» de sang, comme les histoires de tous les
» pays le font voir ».

« Il suit de-là, conclut M. de Montes-
» quieu, que si un grand état a pour héritier
» le possesseur d'un autre grand état, le pre-
» mier état peut fort bien exclure le possesseur
» du second, parce qu'il est utile aux deux
» états que l'ordre de succession soit changé.

» Ainſi la loi de Ruſſie, faite au commen-
» cement du régne d'Eliſabeth, exclut-elle
» très-prudemment tout héritier qui poſſé-
» deroit une autre monarchie. Ainſi la loi de
» Portugal rejette-t-elle tout étranger qui
» feroit appellé à la couronne par le droit du
» ſang ».

<small>L'erreur & le crime ont été les plus fréquentes cauſes occaſionelles des changemens arrivés dans les loix conſtitutives.</small>

Quoique les loix conſtitutives n'euſſent dû ſubir des changemens que dans le cas d'une évidente néceſſité, & par l'entremiſe plutôt que par l'autorité des chefs ; combien néanmoins ces loix ont été le jouet des paſſions humaines ! tantôt minées & dégradées par une ſourde activité, tantôt avec violence & par un choc impétueux renverſées & déracinées. A main armée, Silla ſe fait nommer, par le Sénat de Rome, Dictateur perpétuel. Après lui, ſous le même titre, par les mêmes voies, & par le même corps, Jules-Céſar eſt revêtu du ſouverain pouvoir. Après la bataille d'Actium & la mort d'Antoine, Octavien prend le nom d'Auguſte ; il répudie le titre sous lequel il avoit régné jusqu'alors, & qu'il ne tenoit que de lui-même; il feint d'abdiquer l'autorité souveraine, mais pour la reprendre & paroître la tenir des mains du Sénat, & probablement aussi des suffrages du peuple, comme sa politique raffinée & circonspecte défend d'en douter, & comme on le peut juger d'après la loi *Regia* citée par l'Empereur Justinien & d'après l'acte d'installation de l'Empereur Vespasien. Depuis encore, ce même Auguste, connoissant tout le poids de l'opinion publique toujours guidée & déterminée par l'apparence, tantôt après dix ans, tantôt après cinq ans de régne, joue la résistance au vœu général, & se fait contraindre à garder l'empire jusqu'à la fin de sa vie & même à le transmettre à son fils adoptif. Il meurt, & ce fils adoptif, Tibere, veut que de nouveaux simulacres de Sénatus-Consulte se joignent aux autres titres de la même espèce dont son prédécesseur l'avoit muni.

Dans un autre état, après le démembrement

de l'Empire Romain, les Mérovingiens, en perdant le nom de Roi, perdent enfin tout ce qui leur étoit resté de la Royauté. Le fils de Charles Martel, Pépin-le-Bref, en recevant la couronne, ne fait que changer de nom & n'acquiert que les ornemens royaux. Avec lui, cependant, ses deux fils, Charles & Carloman, comme on le voit dans la formule de sa consécration, reçoivent la même onction & bénédiction que leur père; & les Seigneurs François, comme on le voit dans la même formule, s'obligent, sous peine d'interdiction & d'excommunication, à n'élire jamais personne d'une autre race.

De même chez une nation voisine & rivale de la nôtre..... Mais que sert de retracer un plus grand nombre de scènes, toujours les mêmes au fond, quoique jouées par des personnages différens ? Que penser enfin de ces formes séduisantes dont l'usurpation s'est ainsi constamment enveloppée ? Dans les révolutions qui viennent d'être mentionnées, comme dans toutes les autres, après les attentats caractérisés, comme après des atteintes cachées & progressives, l'ambition des usurpateurs & de leurs principaux complices, & le crime des uns & des autres, l'avidité des soldats & leurs fureurs, la foiblesse, l'impuissance, ou la crédulité des autres citoyens, les défaites, les victoires, les proscriptions, les meurtres, les Sénatus-Consultes, les Plébiscites, les sermens de fidélité, les inaugurations, les couronnemens, les assemblées des Seigneurs Ecclésiastiques & Laïques, en un mot tout le manège & le jeu des passions humaines sous un masque imposant, n'ont jamais pu figurer pour l'introduction d'un droit nouveau, qu'en qualité de cause occasionelle, instrumentale. Le salut du peuple a toujours été l'unique germe de ce nouveau droit. Ce fut toujours sous cet unique rapport que la raison a pu le découvrir, le reconnoître, l'éclairer de ses rayons, ou, par un effet de son approbation, l'enfanter, & le faire naître de son propre sein.

[44]

La certitude de l'effort continuel des paſſions humaines, la juſte crainte des exploſions dont elles ſont ſuſceptibles, la mobilité de l'homme capable de corrompre & de ſéduire comme d'être ſéduit & corrompu, ſont préciſément ce qui détermine la raiſon à conſacrer dans chaque ſociété l'ordre politique ſubſiſtant. Ainſi les fréquentes violations de la régle ont juſtifié la régle, en ont démontré la néceſſité. Comme la dépravation de l'homme, par la multiplicité des crimes qu'elle produiroit, auſſi-tôt que l'impunité ſeroit preſqu'aſſurée, juſtifieroit la loi qui ſe contente, même pour les condamnations capitales, des témoignages que la dépravation de l'homme rend ſi ſuſpects.

Le même principe qui conſacroit les loix conſtitutives avant que la prudence ou le crime en euſſent occaſionné le changement, a conſacré ces changemens même.

LES changemens dans l'intérieur des ſociétés, loin d'altérer le rapport ſur lequel eſt fondée la régle qui conſacre par-tout l'ordre public ſubſiſtant, ont mis de plus en plus ce rapport en évidence, & l'identité de rapport a produit néceſſairement l'identité de droit. Lorſque la régle a ratifié le réſultat

des infractions qu'elle avoit essuyées, lorsqu'en le couvrant de ses voiles sacrées, elle a totalement effacé de ce résultat l'odieuse empreinte & les traces du crime qu'elle a fait refluer tout entier, & se concentrer dans l'ame des usurpateurs & de leurs complices, lorsqu'en un mot elle a confirmé, successivement, dans un même état, des loix constitutives absolument opposées, chaque diversité dans le droit fut uniformité : chaque changement fut constance. « Comme dans le monde ma-
« tériel, c'est M. de Montesquieu qui va
» parler, toutes les régles pour la conserva-
» tion de ce monde matériel, n'étant qu'un
» rapport constamment établi, tous les mou-
» vemens étant reçus, augmentés, diminués,
» perdus, suivant le rapport de la masse &
» de la vîtesse entre un corps mû & un autre
» corps mû, chaque diversité est uniformité,
» chaque changement est constance ».

Telle est donc la nature des loix constitutives. Tel est le principe qui les fait loix.

[46]

De ce principe & de leur nature, en ne cherchant point à s'aveugler, on a vu suivre cette conséquence; qu'elles limitent l'autorité souveraine, au lieu d'en dépendre. On a vu qu'avec une autorité purement morale, & destituée de force extérieure, elles dominent sur le Souverain; comme avec une autorité soutenue par la force coactive du Souverain, elles dominent sur les sujets.

<small>Idée de l'action du Souverain tant dans les relations internes du corps politique que dans les relations que les citoyens ont entr'eux.</small>

DANS les relations externes du corps social, & dans ses relations internes de la seconde espèce, c'est-à-dire, dans les relations que les citoyens ont entr'eux, l'action du Souverain se déploye bien plus librement, & c'est un grand & beau spectacle de voir l'autorité souveraine parcourir un cercle immense que la pensée peut à peine mesurer; combiner dans un état l'intérêt de la nation, tant avec l'intérêt des autres nations, qu'avec les régles de la justice; arrêter le résultat de cette combinaison; par suite de ce calcul, exposer la nation aux hazards de la guerre, ou rechercher la paix, ou s'efforcer de l'entretenir; resserrer les anciennes alliances, en former de nouvelles, assembler des armées de terre & de mer, leur donner une police, dresser le plan de leurs opérations;

Fixer & répartir entre les associés la contribution à la dépense commune, & pour la levée de cette contribution, faire un choix entre les différentes formes de perception;

Combiner ensuite les intérêts particuliers, tant avec l'intérêt commun qu'avec les régles de la justice; diriger par une législation profondément réfléchie l'industrieuse activité des citoyens, & faire fleurir, dans la subordination convenable, l'agriculture & le commerce; assurer ainsi les fortunes particulières, &, par ce moyen, assurer l'entretien & l'accroissement des forces de l'état; adapter au gouvernement établi la transmission des propriétés, sur-tout par voie de succession, & modifier à cet égard le cours des affections naturelles. Dans une Monarchie, par exemple, permettre à la noblesse des substitutions qui conservent les biens dans les familles, parce que la distinction des personnes cesseroit en cessant d'être accompagnée de celle que donnent les biens ; prescrire les formalités les plus propres à constater l'état des personnes & toutes les actions les plus importantes de la vie ; élever des tribunaux, en circonscrire le ressort & la jurisdiction ; indiquer les principes de décision dans les contestations entre particuliers ; graduer les peines, les assortir & les proportionner aux délits ; péser les présomptions, les preuves, en marquer le juste poids, tracer pour la recherche de ces preuves une marche constante & méthodique ; obvier par de sages réglemens à tous les écarts qui répugneroient, dans l'intérieur de l'état, à la décence, à l'ordre, à la tranquillité ; réprimer ou faire réprimer par la force les contraventions, les excès, les attentats ; pourvoir enfin non-seulement à la sûreté, mais encore au bien être,

voilà

voilà les actes qui sont comme les mouvemens & la vie du corps politique.

Tous ces actes & tous autres actes de même nature appartiennent donc nécessairement au Souverain, puisque le Souverain est l'ame du corps politique & l'unique centre de ses facultés. En conséquence, concourir à la production de quelqu'un de ces actes, avec une autorité principale, & non représentative de celle du Souverain; concourir, par exemple, comme le Parlement d'Angleterre, à la fixation des charges publiques, c'est être à cet égard partie intégrante du Souverain.

Ici se font aisément distinguer les différens attributs qui composent l'intégralité du Souverain, & qui le rendent tel que l'exigent la nature de l'homme & la nature de toute société d'hommes. Ces attributs, dans la langue inventée par M. de Montesquieu, sont la puissance législative, la puissance exécutrice des choses qui dépendent du droit des gens,

Le Souverain individuel ou collectif, doit donc avoir la puissance législative pour l'intérieur, & la puissance exécutrice tant pour l'extérieur que pour l'intérieur.

Tom. I.   D

& la puissance exécutrice de celles qui dépendent du droit politique & du droit civil.

<small>Ce qui rend nécessaire un pouvoir législatif humain en rend l'établissement légitime.</small>

COMME la force coactive seroit superflue & nulle, si l'homme exerçoit un empire absolu sur ses passions, s'il lui suffisoit de connoître la régle pour vouloir s'y conformer; de même, si tous les hommes étoient également éclairés sur tous les points que la législation d'un état embrasse, si, d'un œil pénétrant, ils sondoient tous les rapports qui, secrétement, unissent chaque point avec les autres points, si l'esprit des loix ou ces rapports sont rassemblés, ne contenoit rien, ou n'avoit rien omis qui ne fût connu de tout le monde, il n'existeroit aucun pouvoir législatif humain, ou, si ce pouvoir existoit, il seroit nul, parce qu'il seroit sans objet & sans utilité. Entre des êtres de même nature, le seul intérêt des sujets est le principe & la mesure de l'autorité des chefs. C'est ainsi, par exemple, que l'intérêt des enfans privés de force, de raison, de connoissance, est le principe & la mesure de l'autorité paternelle, qui finit à l'époque de la maturité des enfans, pour faire place alors au doux commerce, aux libres épanchemens de la tendreſſe & de la reconnoiſſance, juſqu'à ce qu'au déclin des auteurs de leurs jours, les enfans ſoient à leur tour aſſujettis à payer par des ſervices, par des ſoins aſſidus, tous ceux qui leur ont été prodigués dans le premier âge.

Le caprice du légiſlateur n'eſt donc pas le moule où doivent être jettées les loix humaines. Il exiſte un modèle original dont elles doivent être les eſtampes fidelles; elles doivent être l'expreſſion des rapports qui réſultent de la nature des choſes, ou le tableau des vûes de la raiſon humaine. Il ſeroit donc inutile de tirer, pour ainſi dire, une copie matérielle & ſenſible de ces rapports & de ces vûes; il ſeroit inutile de rédiger & de publier les loix, ſi tous les yeux les enviſageoient dans leur propre ſubſtance & ſçavoient les lire dans la raiſon primitive : car, il faut reconnoître une raiſon primitive, comme l'obſerve

M. de Montesquieu ; autrement il faudroit soutenir une grande absurdité ; « quelle plus » grande absurdité, dit-il, qu'une fatalité » aveugle qui auroit produit des êtres intel- » ligens ? Il y a donc, conclut-il, une raison » primitive, & dans leur modèle original, » les loix sont les rapports qui se trouvent » entre la raison primitive & les différens » êtres, & les rapports aussi qui se trouvent » entre la raison primitive & les rapports des » différens êtres entre eux ».

Mais l'inégalité de pénétration, & le défaut d'attention & de justesse d'esprit, engendrent parmi les hommes, presque sur tous les objets, une perpétuelle contrariété d'opinion & de raisonnemens. A peine s'accordent-ils sur les régles élémentaires de la justice, & sur celles qui dérivent de leur constitution naturelle ; comment pourroient-ils s'accorder sur les conséquences des régles primitives, conséquences qui sont innombrables & souvent si compliquées ? Il est donc nécessaire, il est donc en même-tems raisonnable & juste qu'il existe, dans chaque état, conjointement avec le pouvoir coactif, un pouvoir législatif, c'est-à-dire, le pouvoir de prescrire des règles qui soient réputées prescrites par la justice & la raison, quoiqu'elles n'y soient pas évidemment conformes, pourvu qu'elles n'y soient point évidemment contraires. *Définition du pouvoir législatif humain.*

AINSI, le Souverain déclare seulement quelles sont les loix, & n'est pas censé les créer. L'effet qu'il produit, en qualité de législateur, paroît semblable à l'effet que produisent les partages de successions dans notre droit civil. Ces partages sont déclaratifs, & non pas attributifs, de propriété, disent nos Jurisconsultes, ensorte qu'après un partage mêlé d'échange & de soulte, & par conséquent de vente, chaque héritier est censé néanmoins avoir acquis, à titre successif, tout ce qui compose son lot, & n'en avoir rien acquis à titre de vente ou d'échange. Comme pareillement, en obéissant aux loix attestées & *Véritable idée du législateur humain.*

jugées tellés par le Souverain, les hommes ne fléchissent pas sous l'autorité personnelle de leurs semblables; ils fléchissent sous la seule autorité de la justice & de la raison.

Une autre comparaison plus naturelle & plus simple, fera mieux comprendre la nature du pouvoir législatif humain. Le modèle original sur lequel doivent être calquées les loix humaines, est, par rapport au législateur, ce que sont par rapport aux Juges, les loix sur lesquelles ceux-ci doivent calquer leurs jugemens. L'autorité des jugemens est celle des loix mêmes, où l'on suppose qu'ils sont contenus, au moins virtuellement, comme la conséquence est contenue dans le principe; & de même l'autorité des loix humaines est celle du modèle original dont il est à présumer qu'elles sont les fidelles images. En un mot, le législateur est un juge, c'est un arbitre pour les applications abstraites & générales, comme les juges sont des arbitres pour les applications particulières & personnelles; ceux-ci font l'organe des loix; le légiflateur eft l'organe de la raifon.

Il doit être manifefte, que fous le nom de loix humaines, ne font point ici défignées toutes les loix qui gouvernent les hommes, parmi lefquelles tiennent le premier rang celles qui font environnées de la lumière de l'évidence & qu'on appelle auffi loix immuables ou loix divines. En oppofition à ces loix, lumineufes par elles-mêmes, on appelle loix humaines ou loix arbitraires, toutes celles qui demandent un arbitrage humain, ou pour arrêter & fixer fur le mérite de chacune de ces loix les opinions incertaines & flottantes, ou pour concilier à cet égard & ramener vers un centre les opinions oppofées & divergentes.

Avoir défini le pouvoir légiflatif humain, c'eft avoir défini les loix humaines. Ainfi les loix humaines font des régles que le Souverain, ou l'arbitre de l'état, attefte avoir puifées dans la raifon, fubordonnée à la juftice, &

Définition des loix humaines.

que la considération de l'intérêt commun & de l'évidente nécessité doit faire envisager comme dictées en effet par la justice & la raison, lors même qu'elles n'y sont point évidemment conformes, pourvu qu'elles n'y soient point évidemment contraires.

Il suit de-là que, dans le fond, toute loi que l'homme établit est une fiction du droit politique. C'est une simple probabilité qui remplace au besoin la certitude qui manque; comme cette preuve d'où dépend le destin des accusés, qui consiste néanmoins dans le seul accord de deux ou trois témoignages humains, est une pure fiction du droit civil, une simple probabilité qui remplace au besoin la certitude qui manque.

<small>Pourquoi il faut démontrer la justesse de la définition des loix humaines.</small> En général, la justesse & l'exactitude des définitions ne sçauroient être trop solidement établies, parce que dans la marche & le progrès du raisonnement, elles deviennent des données, des points d'appui, des principes. Ce discours roulant d'ailleurs sur un sujet de

ſi haute importance, &, ſur ce ſujet, la différence du faux au vrai, dans les notions communes, ayant été tant de fois marquée par de longues traces de ſang; l'eſſentiel, dans toute la ſuite de ce Diſcours, eſt de prévenir & d'éclaircir les doutes, au riſque de fatiguer les eſprits plus exercés & plus pénétrans. Il ne faut donc pas craindre de s'étendre & d'inſiſter ſurabondamment ſur la précédente définition des loix humaines pour rendre de plus en plus palpable la juſteſſe & l'exactitude de cette définition.

CETTE définition doit accorder les deux termes, loix humaines; ou plutôt elle doit accorder les idées que l'acception commune attache à chacun de ces deux termes ſéparément. Une loi, ſuivant l'acception commune, ſuivant l'idée qu'en ont les hommes les moins inſtruits, eſt une régle à laquelle des êtres intelligens ſont obligés d'obéir ſans qu'il ſoit beſoin que la force les y contraigne. Point de loi ſans une obligation interne qui

<small>Juſteſſe de la définition des loix humaines.</small>

maîtrise les actions en affectant la volonté. En décomposant l'idée provenue de l'union de ces deux mots, loix humaines, on doit donc s'appliquer sur-tout à dévoiler le principe de l'obligation que les loix humaines produisent, le principe de l'autorité de ces loix ; on doit montrer, en un mot, comment des loix faites pour commander à des hommes, peuvent être l'œuvre des hommes. C'est précisément aussi ce que la définition, dont il s'agit, met en évidence.

Les loix immuables exigent notre soumission en vertu d'un double droit. A la sagesse, à l'équité qu'on y voit briller, aux avantages qu'elles nous présentent, se joint cette autre considération, qu'elles nous sont proposées pour régles par la puissance même qui nous fait exister. Notre raison est donc poussée invinciblement, par un double motif, à reconnoître que nous sommes dans l'étroite obligation d'observer fidélement les loix immuables ou divines. Et cette reconnoissance, cet acquiescement de notre raison impriment dans notre ame l'obligation apperçue & consentie, par sa propre faculté de connoître. A l'instant où notre raison est frappée de la vue d'une obligation qui nous est personnelle, aussi-tôt au dedans de nous, sans y pouvoir être étouffée, s'élève la conscience ou le sentiment de cette obligation : & même, ces deux actes de notre ame, celui de voir, & celui de sentir nos obligations, concourent & se confondent tellement ensemble, qu'on ne peut les distinguer que par l'expression. C'est d'après cette distinction vocale que l'un de ces actes se place avant l'autre, & que la perception se fait arroger la priorité d'existence, comme ayant déterminé le sentiment.

Sans doute, au premier coup-d'œil, l'autorité des loix immuables se fait juger bien supérieure à l'autorité des loix qui sont arbitrées telles par les hommes, puisque l'équité, la sagesse & l'utilité particulière de ces dernières loix ne peuvent être pleinement assurées,

& se manifester à tous les esprits; puisqu'en effet parmi les loix rédigées par les hommes, celles qui sont évidentes rentrent dans la classe des loix divines & n'empruntent de la rédaction qu'elles ont reçue, aucune portion de leur droit impératif, qu'elles tirent tout entier de leur propre fond. Cependant, en derniere analyse, c'est la reconnoissance, c'est l'acquiescement de notre raison qui, forcé par des motifs différens, engendre également, & fait également exister pour nous l'autorité des loix humaines, aussi bien que l'autorité des loix immuables, & les obligations relatives à ces deux sortes de loix. Quand notre raison est forcée de rejetter comme absurde l'espérance de voir tous les hommes sortir des mains de la nature assez éclairés, non-seulement pour cesser d'être en opposition sur les principes primitifs, mais encore pour en embrasser avec une entière conformité d'opinion, toutes les conséquences éloignées & multipliées à l'infini; lorsqu'ensuite notre raison est ainsi forcée de reconnoître, pour chaque état, l'abfolue néceffité d'un arbitre, ou d'un légiflateur humain, autre que l'unanimité des fuffrages de tous les membres de l'état; elle eft en même tems forcée de reconnoître la correfpondante néceffité d'une obligation qui nous foumette, à titre de devoir, aux faillibles décifions du légiflateur néceffaire. L'acquiefcement de notre raifon à cette obligation, en éveille auffi-tôt en nous la confcience, ou le fentiment. Ainfi l'autorité des loix immuables, & l'autorité des loix humaines, & les obligations, qui correfpondent en nous à ces deux fortes de loix, ne font pas précifément appuyées fur les mêmes motifs; mais le même hérault les proclame; la même voix, c'eft-à-dire, l'acquiefcement forcé de notre raifon nous les annonce.

Voici ce que la raifon nous apprend encore, & qui fera répété plus d'une fois dans la fuite de ce difcours. Toutes les obligations que la raifon nous dit être à notre charge, dont elle nous fait éprouver la conscience ou le sentiment, qu'elle nous impose en un mot, c'est, nous dit-elle, Dieu lui-même, son auteur, & le principe de sa lumière qui nous les impose. Obéir aux loix humaines, c'est donc obéir à Dieu même.

L'autorité du législateur humain perd toute sa vertu, quand elle est en opposition évidente avec l'autorité de la justice & de la raison.

S'IL faut pousser les suppositions presqu'à l'extrême, la définition des loix humaines fait aussi remarquer le terme où finissent ces loix & le pouvoir législatif humain. Lorsqu'un Souverain, individuel ou collectif, par de prétendues loix, ou par des ordres particuliers, heurteroit évidemment les loix immuables ; à cet égard, & quand au droit, sinon quand à la force, son autorité seroit repoussée & tomberoit dans le néant. Le Souverain, individuel ou collectif, est la justice & la raison arbitrales. Il n'est point chargé de suppléer à quelque défaut de décision de la part de la justice & de la raison, mais au défaut d'évidence de leurs décisions. En un mot, l'autorité qu'il exerce, repréſente l'autorité de la raiſon & de la juſtice. « La loi, dit auſſi M. de Monteſquieu, la loi en général n'eſt que la raiſon humaine en tant qu'elle gouverne tous les peuples de la terre ; & les loix politiques & civiles de chaque nation ne doivent être que les cas particuliers où s'applique cette raiſon humaine ». Quand le Souverain s'exprime ainſi, *je veux, j'ordonne, je défends ;* ces formules ſont l'équivalent & l'abrégé de celle-ci. Ma lumière naturelle, & mes lumières acquiſes, & les délibérations de mes conſeils, me font arbitrer & penſer que la juſtice & la raiſon *veulent, ordonnent, défendent.* Comme lorſque les Juges s'énoncent ainſi, *nous renvoyons abſous, nous condamnons, nous déclarons tel acte nul, telle demande valable ;* ces formules ſont l'équivalent & l'abrégé de celle-ci : nous arbitrons & nous penſons, ſelon nos lumières acquiſes & naturelles, que la loi condamne, abſout, prononce implicitement la validité de telle demande, la nullité de tel acte.

L'autorité repréſentative n'eſt jamais au fond que l'autorité repréſentée; l'autorité du Souverain, qui repréſente celle de la juſtice & de la raiſon, s'éclipſe donc, ou plutôt s'éteint entièrement toutes les fois qu'elle eſt en oppoſition évidente avec les loix immuables. Suppoſer, en pareil cas, quelqu'autorité dans le Souverain, ce ſeroit ſuppoſer l'autorité de la juſtice & de la raiſon primitive en contradiction avec elle-même. Ce ſeroit ſuppoſer des loix immuables, des vérités contradictoires. Ce ſeroit ſuppoſer l'impoſſible & l'abſurde.

<small>Le danger des notions tronquées en matière politique forçoit d'indiquer le terme où finit le pouvoir légiſlatif humain.</small>

On ne haſardera donc aucune objection contre une indubitable vérité ; peut-être en craindra-t-on l'abus. L'autorité ſouveraine, n'ayant aucune force morale, étant nulle, lorſqu'elle contredit évidemment la juſtice & la raiſon, & l'idée de l'évidence pouvant prêter & s'étendre dans les eſprits par de-là

ſa

[65]

sa mesure, peut-être craindra-t-on que cette extension abusive ne trouble le cours, & ne gêne l'exercice de l'autorité souveraine.

Quand cette crainte auroit un motif spécieux ? Une maîtresse hautaine & cruelle, l'expérience, auroit appris que les notions vagues & confuses sur le principe, la nature & l'étendue de l'autorité des Souverains, sont des motifs de crainte & plus pressans & plus réels. L'expérience auroit appris que, sur ces objets, les notions obscures & partielles se convertissent, au premier signal, en erreurs funestes qui pullulent & se répandent avec la rapidité des globules de la lumière. De-là, l'expérience auroit fait conclure, que propager sur les mêmes objets les notions justes & complettes, & du moins aussi précises qu'elles peuvent l'être, c'est prévenir les explosions désastreuses, en perçant la mine dans le sein de laquelle elles se préparent.

Voici d'ailleurs ce qui rassure pleinement contre l'abus dont on pourroit s'alarmer. Dans

C'est seulement par une obligation

l'état social, l'autorité de la justice & de la raison, en annullant même les actes du Souverain, en désavouant ainsi, dans un cas particulier, son représentant ordinaire, ne s'arme contre lui d'aucune force extérieure, & ne s'associe nulle autorité, nulle magistrature civile. L'obligation que la raison primitive impose de se refuser à l'exécution de tous ordres, & de toutes loix qui l'offensent évidemment, est une obligation privée & personnelle dont chacun est tenu proprement en qualité d'homme, sans qu'aucune magistrature, ou dignité, dont on soit revêtu, puisse donner, à cet égard, aucun caractère public. L'intelligence ou la raison particulière de chacun des membres d'un état peut représenter, pour lui seul, l'autorité de la justice & de la raison universelle. Mais, représenter au dehors, & vis-à-vis d'autrui, cette même autorité de la justice & de la raison universelle, c'est un privilège qui n'appartient à nulle raison particulière autre que celle du Souverain

privée qu'on est tenu de se refuser à l'exécution de tout ordre ou de toute loi qui blesse evidemment la justice & la raison.

individuel ou collectif. Ce seroit donc seulement en qualité d'homme, & comme ayant la justice & la raison pour premier Souverain, que chacun des membres d'un état, étant chargé de quelque ministère public, pourroit s'excuser d'exécuter ou de faire exécuter l'ordre, ou la loi qu'il estimeroit évidemment contraire aux vues de la justice & de la raison. Sans un tel droit de résistance passive, isolée, respectueusement motivée, exempte de convulsion, éloignée de toute cabale, entre les hommes, entre des êtres de même nature, il est impossible d'imaginer & de concevoir dans les uns une autorité sur les autres qui soit légitime & fondée en droit. Et, si l'on ne connoît les bornes de l'autorité souveraine, il est impossible d'en connoître la nature & l'étendue.

EN même-tems, ce droit de résistance, tel qu'il vient d'être décrit, tend à compromettre, tout au plus, les particuliers vertueux, éclairés, ou même séduits par un frivole

L'obligation de se refuser à ce qui blesse évidemment la justice & la raison, tend, tout au plus, à compromettre l'homme

scrupule, & non pas la tranquillité publique? Dans l'hypothèse presqu'idéale, où ce droit a lieu, l'obéissance seroit trahison ; & lorsqu'en pareil cas on craindroit moins d'encourir la disgrace du Souverain, que de la mériter, la fidélité gagneroit en réalité ce qu'elle perdroit en apparence. Telle fut la généreuse fidélité du Vicomte Dort qui commandoit dans Bayonne, lorsqu'un ordre, inspiré par le fanatisme, enjoignit à tous les gouverneurs, de faire massacrer les Protestans : « Il avoit trouvé, répondit-il, parmi » les habitans & les gens de guerre, tous » fideles sujets, & braves soldats, & pas un » bourreau. Eux & lui supplioient donc Sa » Majesté d'employer leurs bras & leurs vies » à choses faisables. Ce grand & généreux » courage, dit M. de Montesquieu, regar- » doit une lâcheté comme une chose im- » possible ».

Ainsi, pour être mieux accueilli, le Vicomte Dort se retranchoit dans les seules maximes

vertueux, non la tranquillité publique.

de l'honneur, le jugeant beaucoup plus accrédité que la justice & la raison. Il pouvoit & devoit auffi penfer, qu'un ordre nul, provenu d'une autorité débordée, & par conféquent illufoire, précipitoit dans le crime les exécuteurs d'un tel ordre, fanatiques ou lâches, & qu'il leur laiffoit le caractère & le titre, non de bourreau, mais d'affaffin.

C'est avoir affez obfervé le Souverain dans fon intégralité, dans fon effence, abftraction faite de fa perfonne naturelle, & dans un point de vue où la diftinction du Souverain individuel, & du Souverain collectif, n'eft point confidérée. Les propriétés qui, d'après la nature de l'homme, & d'après la nature de chaque fociété d'hommes, appartiennent également aux Souverains de l'une & l'autre efpèce, ont été fixées. Les loix conftitutives, comme les autres loix humaines, ont été définies, & les limites du pouvoir légiflatif humain, & de l'autorité fouveraine, retracées,

Récapitulation de ce qui précède.

E 3

aident l'esprit à se former une idée plus sûre & plus stable de ce pouvoir & de cette autorité.

<small>Il faut passer à ce qui distingue les Souverains.</small>

Il est tems d'arrêter ces regards sur les différens systêmes de loix constitutives. Il est tems d'interroger la nature des différentes constitutions légitimes, pour analyser ensuite, & mettre en opposition, dans un seul tableau, les conjectures à déduire lorsque la personne naturelle du Souverain est individuelle, & lorsqu'elle est collective.

<small>Divisions des constitutions politiques.</small>

Voila d'abord la division générale qui comprend toutes les formes de gouvernement. Dans les unes le Souverain est individuel, dans les autres il est collectif. Dans la constitution monarchique, & dans l'état despotique, le Souverain est individuel. Dans la Démocratie, & dans les différentes espèces d'Aristocratie, ou de constitution mixte, le Souverain est un être collectif.

C'est à l'Auteur de l'Esprit des Loix à prendre ici la parole : tout ce qu'il dit, pour caractériser chaque espèce de gouvernement peut être regardé comme une suite de formules consacrées. C'est, en effet, une suite d'axiomes. Ils vont être rapportés avec de légères additions & quelques transpositions.

« Dans la République, dit-il, lorsque » le peuple en corps a la souveraine puissance, » c'est une Démocratie. Ainsi dans la Démo- » cratie, le peuple est, à certains égards, » le monarque; à certains autres, il est le » sujet ». *Loix fondamentales de la Démocratie.*

Première qui les comprend toutes.

« Il ne peut être monarque que par ses » suffrages, qui sont ses volontés; la volonté » du Souverain est le Souverain lui-même. » Les loix qui établissent le droit de suffrage, » sont donc fondamentales dans ce gouver- » nement. En effet, il est aussi important » d'y régler comment, à qui, par qui, sur » quoi les suffrages doivent être donnés, » qu'il l'est dans la Monarchie, de sçavoir » quel est le Monarque, & de quelle manière » il doit gouverner ». *Seconde.*

Troisième. « Le nombre des citoyens, qui doivent
» former les assemblées, est fixé, dans la
» Démocratie, par une loi fondamentale.
» On pourroit ignorer, sans cela, si le peu-
» ple a parlé, ou seulement une partie du
» peuple. A Lacédémone il falloit dix mille
» citoyens. A Rome qui, tantôt avoit tous
» ses citoyens hors de ses murailles, tantôt
» toute l'Italie & une partie de la terre dans
» ses murailles, on n'avoit point fixé ce nom-
» bre, & ce fut une des grandes causes de sa
» ruine ».

Quatrième. « Le peuple qui a la souveraine puissance
» doit faire, par lui-même, tout ce qu'il
» peut bien faire; & ce qu'il ne peut pas bien
» faire, il faut qu'il le fasse par ses Ministres.
» Ses Ministres ne sont point à lui, s'il ne
» les nomme. C'est donc une maxime fon-
» damentale de ce gouvernement, que le
» peuple nomme ses Ministres, c'est-à-dire,
« ses Magistrats ».

Cinquième. « Il a besoin, comme les Monarques,

« & même plus qu'eux, d'être conduit par
» un conseil, ou sénat. Mais, pour qu'il y
» ait confiance, il faut qu'il en élise les
» membres, soit qu'il les choisisse lui-même,
» comme à Athènes, ou par quelque Magis-
» trat qu'il a établi pour les élire, comme
» cela se pratiquoit à Rome dans quelques
» occasions ».

« La division de ceux qui ont droit de   Sixième.
» suffrage, est également une loi fondamen-
» mentale dans la République ». Sans doute
une division qui rend illusoire & sans effet le
suffrage d'un certain nombre de citoyens est
aussi contraire à la Démocratie, que le seroit
celle qui leur ôteroit le droit de suffrage.

« Ainsi, Servius Tullius suivit dans la
» composition de ses classes l'esprit de l'Aris-
» tocratie. Il avoit divisé le peuple de Rome
» en cent quatre-vingt-treize Centuries, &
» mettant les riches, mais en plus petit nom-
» bre dans les premières ; les moins riches,
» mais en plus grand nombre, dans les

» suivantes; il jetta toute la foule des indigens
» dans la dernière. Et pour lors, chaque
» Centurie n'ayant qu'une voix, c'étoient
» les moyens & les richesses qui donnoient
» le suffrage plutôt que les personnes ».

« Au contraire, Solon fut conduit par
» l'esprit de la Démocratie lorsqu'il divisa le
» peuple d'Athènes en quatre classes; parce
» qu'il ne les fit pas pour fixer ceux qui de-
» voient élire, mais ceux qui pouvoient être
» élus. Laissant à chaque citoyen le droit
» d'élection, il voulut que dans chacune de
» ces quatre classes, on put élire des Juges,
» & que ce ne fut que dans les trois premières
» où étoient les citoyens aisés, qu'on put
» prendre les Magistrats ».

Septième. « LA loi, qui fixe la manière de donner
» les billets de suffrage, est encore une loi
» fondamentale de la Démocratie. Lorsque le
» peuple donne ses suffrages, ils doivent être
» publics; il faut que le petit peuple soit
» éclairé par les principaux, & contenu par

» la gravité de certains personnages. Ainsi,
» dans la république romaine, en vendant les
» suffrages secrets, on détruisit tout. Il ne fut
» plus possible d'éclairer une populace qui se
» perdoit ».

« Si la brigue est dangereuse dans un sénat,
» dans un corps de nobles, c'est un bien,
» ou du moins c'est un mal nécessaire, vis-
» à-vis d'un corps de peuple, dont la nature
» est d'agir par passion. Dans un état où il
» n'a point de part au gouvernement, il
» s'échauffera pour un acteur, comme il au-
» roit fait pour les affaires ; & le malheur
» d'une République, c'est lorsqu'il ne se
» fait plus de brigues auprès du peuple. Ce
» malheur arrive, lorsqu'on a corrompu le
» peuple à prix d'argent. Il devient de sang
» froid ; il s'affectionne à l'argent, mais il ne
» s'affectionne plus aux affaires. Sans souci
» du gouvernement, & de ce qu'on y propose,
» il attend tranquillement son salaire. Mais
» lorsque, dans une Aristocratie, le corps

» des nobles donne les suffrages ; ou, dans
» une Démocratie, le sénat, comme il faut
» y prévenir les brigues, les suffrages ne
» sçauroient être trop secrets. Les trente tyrans
» d'Athènes voulurent que les suffrages des
» Aréopagistes fussent publics, pour les di-
» riger à leur fantaisie ».

« C'est encore une loi fondamentale de la
» Démocratie, que le peuple seul fasse des
» loix. Il y a pourtant mille occasions où il
» est nécessaire que le sénat puisse statuer. Il
» est même souvent à propos d'essayer une loi
» avant de l'établir ; la constitution de Rome
» & celle d'Athènes étoient très-sages ; les
» arrêts du sénat avoient force de loi, pen-
» dant un an ; ils devenoient perpétuels par
» la volonté du peuple ».

Huitième. ENFIN, dans la Démocratie, le peuple
en corps doit juger tout citoyen accusé d'avoir
attaqué la constitution & d'avoir voulu s'é-
lever sur ses ruines. Cette loi, dans l'état
populaire, n'est pas moins fondamentale ou

moins nécessaire au soutien de la Démocratie que les précédentes.

« Machiavel attribue la perte de la liberté
» de Florence à ce que le peuple n'y jugeoit
» pas en corps comme à Rome des crimes
» de majesté commis contre lui. Il y avoit
» pour cela huit Juges établis ; mais, dit
» Machiavel, peu font corrompus par peu.
» J'adopterois bien la maxime de ce grand
» homme, reprend M. de Montesquieu ;
» mais comme, dans ce cas, l'intérêt poli-
» tique force, pour ainsi dire, l'intérêt civil ».

Comme en ce cas on diminue la sûreté des particuliers pour ajouter à la sûreté de la constittuion ;

« Car c'est toujours un inconvénient que
» le peuple juge lui-même ses offenses ; il
» faut, pour y remédier, que les loix pour-
» voyent autant qu'il est en elles, à la sûreté
» des particuliers. Dans cette idée, les
» Législateurs de Rome firent deux choses :
» ils permirent aux accusés de s'exiler avant

» le jugement; en même tems, ils voulurent
» que les biens des condamnés fussent con-
» sacrés, pour que le peuple n'en eut point
» la confiscation.

« Solon sçut bien aussi prévenir l'abus
» que le peuple pourroit faire de sa puissance
» dans le jugement des crimes. Il voulut
» que l'Aréopage revît l'affaire ; que s'il
» croyoit l'accusé injustement absous, il
» l'accusât de nouveau devant le peuple; que,
» s'il le croyoit injustement condamné, il
» arrêtât l'exécution, & fît rejuger l'affaire
» au même tribunal : loi admirable, qui
» soumettoit le peuple à la censure de la
» magistrature qu'il respectoit le plus, & à
» la sienne même. »

{Comment des loix sont fondamentales.} M. DE MONTESQUIEU, dont la marche est toujours aussi sûre que rapide, ne nous présente donc pour loix fondamentales de la Démocratie que celles dont l'effet répond à la valeur du mot fondamental, celles qui forment la constitution ou la maintiennent, celles sans lesquelles la constitution prétendue Démocratique n'est pas telle ou manque absolument de solidité.

De même il ne nous donne pour loix fondamentales de l'Aristocratie, de la constitution mixte, de la Monarchie, du Despotisme, que celles, sans lesquelles la constitution n'est point telle ou telle, ou manque absolument de solidité.

« Dans l'Aristocratie, dit-il, la souve-
» raine puissance est entre les mains d'un
» certain nombre de personnes. Ce sont
» elles qui font les loix & qui les font
» exécuter, & le reste du peuple n'est,
» tout au plus, à leur égard que comme
» dans une Monarchie, les sujets à l'égard
» du Monarque ».

« Une institution monstrueuse dans l'état
» républicain, c'est-à-dire, une magistrature
» armée d'un pouvoir exorbitant & despo-
» tique, est cependant une institution fon-
» damentale dans l'Aristocratie. Telle étoit

Loix fondamentales de l'Aristocratie.

Première qui suppose toutes les autres.

Seconde.

» à Rome celle de Dictateur ; telle est
» à Venise celle des Inquisiteurs d'état. Ce
» sont des Magistrats terribles qui menent
» violemment l'état à la liberté ». (Ici le
mot, liberté, se prend pour le maintien
de la constitution). « Rome, par ses
» Dictateurs, défendoit les restes de son
» Aristocratie contre le Peuple ; Venise
» se sert de ces Inquisiteurs d'état pour
» maintenir son Aristocratie contre les No-
» bles. A Rome, en conséquence, la
« Dictature ne devoit durer que peu de
» tems, parce que le peuple agit par sa
» fougue, & non pas par ses desseins. Il
» falloit que cette magistrature s'exerçât avec
» éclat, parce qu'il s'agissoit d'intimider
» le peuple, & non pas de le punir ; que
» le Dictateur ne fût créé que pour une seule
» affaire, & n'eût une autorité sans bornes
» que pour raison de cette affaire, parce
» qu'il étoit toujours créé pour un cas im-
» prévu. A Venise, au contraire, il faut

» une

» une Magistrature permanente; c'est là que
» les desseins peuvent être commencés,
» suivis, suspendus, repris, que l'ambition
» d'un seul devient celle d'une famille, &
» l'ambition d'une famille celle de plusieurs;
» on a besoin d'une magistrature cachée,
» parce que les crimes qu'elle punit, tou-
» jours profonds, se forment dans le secret
» & dans le silence. Cette magistrature enfin
» doit avoir une inquisition générale, parce
» qu'elle n'a pas pour objet d'arrêter les
» maux que l'on connoît, mais de prévenir
» même ceux qu'on ne connoît pas, & de
» vanger les crimes qu'elle soupçonne.

» C'est encore une loi fondamentale de
» l'Aristocratie, comme de la Démocratie,
» qu'en toute magistrature la grandeur de la
» puissance soit composée par la briéveté de
» sa durée. Un an est le tems que la plu-
» part des Législateurs ont fixé. Un tems
» plus long seroit dangereux; un tems plus
» court seroit contre la nature de la chose ».

Tom. I.   F

Les constitutions mixtes étant sans nombre, il faut se borner à la description de la constitution Angloise.

Les loix fondamentales des constitutions mixtes sont aussi variées que ces constitutions elles-mêmes. Ici par conséquent où les différentes formes de gouvernement ne sont décrites, que pour être ensuite comparées l'une avec l'autre, il suffit de remettre sous les yeux les loix fondamentales de la constitution Angloise, regardée par M. de Montesquieu, comme un parfait modèle de constitution mixte.

Là, la principale branche de l'autorité souveraine, la puissance législative, est divisée; la faculté de statuer est d'un côté, de l'autre est la faculté d'empêcher. Là, le Souverain se compose d'un Prince perpétuel, qui l'est à titre héréditaire, & d'un corps composé lui-même de deux chambres différentes. Dans une des chambres de ce corps, dans celle des nobles, la naissance & les dignités donnent un droit de séance héréditaire & perpétuel; dans l'autre chambre du même corps, dans celle des représentans du peuple, l'élection donne entrée pour le tems de la durée de cette chambre.

A ces deux chambres, à ces deux parties intégrantes du Souverain, est confiée la puissance législative quant à la faculté de statuer. Le Prince a la puissance exécutrice & prend part à la législation par la faculté d'empêcher, « sans laquelle faculté il seroit » dépouillé de ses prérogatives ».

Par une semblable faculté d'empêcher, les Nobles conservent aussi leurs priviléges & leurs avantages en formant un corps « dont » le peuple a droit d'arrêter les entreprises, » mais qui jouit aussi du droit d'arrêter celles » du peuple ».

« Parce qu'une puissance héréditaire pour- » roit être induite à suivre ses intérêts par- » ticuliers sans faire attention à ceux du » peuple, dans les choses où l'on auroit trop » d'intérêt à corrompre le corps des Nobles, » comme dans les loix qui concernent la » levée de l'argent, ce corps n'a de part à

» la législation que par sa faculté d'em-
» pêcher ».

Là, le corps législatif n'est point continuellement assemblé, & ne s'assemble pas & ne se proroge point lui-même. « Le corps
» législatif n'est pas continuellement assem-
» blé, parce que cela seroit trop incommode
» pour les représentans, & d'ailleurs occu-
» peroit trop la puissance exécutrice ; qui
» négligeroit d'exécuter, & ne songeroit
» qu'à défendre ses prérogatives & le droit
» qu'elle a d'exécuter; le corps législatif ne
» s'assemble pas lui-même parce qu'un corps
» étant censé n'avoir de volonté que lorsqu'il
» est assemblé, s'il ne s'assembloit pas una-
» nimement, on ne pourroit dire quelle
» partie seroit véritablement le corps législatif,
» celle qui seroit assemblée ou celle qui ne
» le seroit pas. Le corps législatif enfin ne
» se proroge point non plus lui-même, parce
» que, s'il en avoit le droit, il pourroit
» arriver qu'il ne se prorogeroit jamais, ce

» qui seroit dangereux en cas qu'il voulut
» attenter contre la puissance exécutrice. Là,
» par conséquent, la puissance exécutrice
» régle, par rapport aux circonstances qui
» sont plus ou moins convenables & qu'elle
» connoît, la tenue & la durée des assem-
» blées du corps législatif ».

Là, les Ministres du Prince rendent raison de leur administration & des conseils par eux donnés. S'ils étoient, comme le Prince, à l'abri de toutes recherches, « ils » pourroient, comme Ministres, haïr les » loix qui les favorisent comme Citoyens, » & la constitution seroit dans un péril im- » minent »; ils peuvent donc être recherchés & punis si le Prince n'use pas en leur faveur de sa faculté d'empêcher, lorsqu'ils sont accusés. Néanmoins, ils n'ont pas pour juges tout le corps législatif, « parce que » dans ce corps, la chambre des représentans » du peuple représente la partie intéressée, » & ne peut être qu'accusatrice; d'un autre

» côté, cette partie du corps législatif ne va pas
» porter son accusation, & s'abaisser devant
» les tribunaux de la loi, qui lui sont in-
» férieurs & qui d'ailleurs composés de gens
» qui sont peuple comme elle, seroient en-
» traînés par l'autorité d'un si grand accu-
» sateur. Là, par conséquent, pour conserver
» la dignité du peuple & la sûreté du par-
» ticulier, la partie du corps législatif tirée
» d'entre le peuple accuse devant la partie
» du corps législatif, tirée du corps des
» nobles ; celle-ci n'ayant ni les mêmes
» intérêts ni les mêmes passions ».

Là, sur-tout, le corps législatif n'a nul droit de juger la personne & la conduite de l'administrateur du pouvoir exécutif. « Sa
» personne doit être sacrée, parce qu'étant
» nécessaire à l'état, pour que le corps
» législatif n'y devienne pas tyrannique,
» dès le moment qu'il seroit accusé, &
» jugé, la constitution & la liberté seroient
» anéanties ».

Dans cet état enfin, tout le méchanisme de la constitution se résume ainsi. « Le » corps législatif étant composé de deux par- » ties, l'une enchaîne l'autre par la faculté » mutuelle d'empêcher ; toutes les deux sont » liées par la puissance exécutrice, qui l'est » elle-même par la législative ».

Résumé du tableau de la constitution Angloise.

D'après une telle contexture, ces trois puissances, de l'aveu de M. de Montesquieu, devroient former un repos, une inaction ; « mais, dit-il, comme par le mouve- » ment nécessaire des choses, elles sont » contraintes d'aller, elles sont forcées d'aller » de concert ».

Résultat à craindre de la constitution Angloise.

L'unité de la personne du Souverain dans l'état monarchique & dans l'état despotique, pouvoit induire à supposer quelqu'analogie entre ces deux gouvernemens ; &, par une sorte de réflet, la triste teinte du second auroit noirci le premier. Le meilleur citoyen, comme le plus éclairé, devoit donc, ainsi

Raison pour expliquer la différence de la Monarchie & du Despotisme.

F 4

qu'il l'a fait, expliquer si clairement la nature de l'une & de l'autre constitution, que l'affection pour l'une, s'accrût, en raison de l'éloignement & de l'aversion que l'autre inspire.

Exposition que fait M. de Montesquieu de la nature, & des loix fondamentales du Despotisme.

« Dans l'état Despotique, dit-il, un seul, sans loi, sans régle, entraîne tout par sa volonté & par ses caprices. Dans ce gouvernement, le pouvoir passe tout entier dans les mains de ceux à qui le Despote le confie. Le Visir est le Despote lui-même, & chaque Officier particulier est le Visir. Dans ce gouvernement, l'autorité ne peut être balancée; celle du moindre Magistrat ne l'est pas plus que celle du Despote. Dans ce gouvernement, la loi n'est que la volonté du Prince. Quand le Prince seroit sage, comment un Magistrat pourroit-il suivre une volonté qu'il ne connoît pas ? Il faut qu'il suive la sienne. Dans ce gouvernement, la loi n'étant que ce que le Prince veut, & le

» Prince ne pouvant vouloir que ce qu'il
» connoît, il faut bien qu'une infinité de
» gens veuillent pour lui, non moins abso-
» lument que lui. Enfin, la loi, dans ce
» gouvernement, étant la volonté momen-
» tanée du Prince, il est nécessaire que ceux
» qui veulent pour lui, veuillent subitement
» comme lui ».

Au contraire, dit M. de Montesquieu, » dans la Monarchie, un seul gouverne, mais » par des loix fixes & stables, & les plus » petits Magistrats peuvent y suivre la loi, » parce qu'elle est par tout connue ». *Définition de la Monarchie dans l'Esprit des Loix.*

Dans un autre endroit, le même Auteur définit en d'autres termes le gouvernement Monarchique. « Les pouvoirs intermédiaires » subordonnés & dépendans, constituent, » dit-il, la nature de ce gouvernement, dans » lequel un seul gouverne par des loix fon- » damentales. Ces pouvoirs sont subordonnés » & dépendans, reprend M. de Montes- » quieu; car dans la Monarchie, le Prince *Autre définition de la Monarchie dans le même livre.*

» est la source de tout pouvoir politique &
» civil ».

<small>Conciliation de ces deux définitions de la Monarchie.</small>

Le Monarque étant donc annoncé, par le même Auteur, d'un côté, comme un Souverain qui gouverne par des loix établies & fixes; & d'un autre côté, comme un Souverain qui gouverne par des loix fondamentales, il ne faut pas imaginer & conclure que toutes les loix d'une Monarchie sont fondamentales, & par conséquent invariables. Deux définitions différentes du même sujet doivent s'interpréter l'une par l'autre, & quand on prend l'esprit de l'Auteur, quand on l'entend, ou quand on l'accorde (car entendre un Auteur c'est l'accorder), on sent que les deux définitions, qu'il donne du gouvernement Monarchique, se fondent l'une dans l'autre, &, par leur réunion, composent la maxime suivante: la loi fondamentale de la Monarchie veut que de l'autorité du Prince y soient établies des loix fixes, sur tous les objets que leur nature & leur importance en rendent susceptibles, & que la prévoyance peut fouftraire aux décifions inftantanées, foit du Monarque, foit de fes repréfentans.

« Des loix fondamentales, ajoute M. de » Montefquieu, fuppofent des canaux moyens » par où coule la puiffance ». Quels font ces canaux moyens ? Ce font des Etats provinciaux à qui la légiflation économique eft adreffée, qui dans cette partie éclairent le Légiflateur & préparent fes décifions, & qui dans leur diftrict répartiffent les charges publiques. Quels font encore ces canaux moyens ? Ce font les compagnies de judicature, à qui la légiflation civile eft adreffée, qui dans cette partie éclairent le Légiflateur, & préparent fes décifions, qui remplacent encore les états pour les provinces où manque cette heureufe inftitution.

Loi fondamentale renfermée dans la définition de la Monarchie.

La ftabilité de ces compagnies, lors même qu'elles font bornées à la diftribution de la juftice, convient autant dans la Monarchie qu'elle eft déplacée dans la République.

Autre loi fondamentale dans la Monarchie.

LA Noblesse entre encore en quelque façon dans l'essence de la Monarchie « dont la » maxime fondamentale est, point de No- » blesse, point de Monarque ; mais on a un » Despote ».

Que ceux-là soient reputés nobles dont les ancêtres ont occupés certaines places ou sont parvenus à certains grades ; lorsque ces grades, ces emplois ont été plus éminens, sur-tout lorsqu'en remontant, on ne voit plus personne au-delà de ces ancêtres décorés, que leur descendant en soit jugé plus noble, c'est là sans doute un mérite idéal, imaginaire ; c'est une fiction du droit politique. Mais, enracinée & réalisée par l'opinion habituelle & commune, cette fiction est suivie des avantages les plus réels. Elle augmente le respect & l'affection pour le Prince. On se représente le Monarque régnant, on le voit comme entouré de ses augustes ayeux, qui le sceptre en main & la couronne sur la tête, lui forment un pompeux cortège. La noblesse de ses sujets l'annoblit encore. Il seroit bien moins grand s'il étoit seul grand. En même tems, l'estime que l'on a pour les Nobles, & qui fonde celle qu'ils ont pour eux-mêmes, leur fait faire par passion ce qu'ils pourroient ne pas faire, ou ce qu'ils feroient moins bien par vertu.

Ainsi, la jurisdiction patrimoniale des Seigneurs, & la jurisdiction temporelle Ecclésiastique, en un mot, tout ce qui sert à rehausser un grand nombre de sujets peut être un mal civil, mais c'est un grand bien politique dans la Monarchie. Les distinctions personnelles des Seigneurs, des membres du Clergé, des Magistrats inamovibles, leurs prérogatives & celles de la Noblesse & des Villes, arrêtent, non le despotisme du Monarque porté plutôt, par son propre intérêt, à haïr le Despotisme & si supérieur encore à de telles digues; mais le Despotisme de ses représentans. Ceux-ci d'abord trahiroient leur propre cause, s'ils manquoient à tous les ménagemens, s'ils ne respectoient point dans les autres l'importance personnelle qu'ils sont si flattés de joindre à celle que donne le pouvoir pour le seul tems de sa durée; &, de plus, leur grandeur reste toujours en proportion avec celle des autres sujets distingués.

Autre loi fondamentale dans la Monarchie, le droit de remontrances.

Dans l'espoir d'abaisser le mérite du gouvernement Monarchique, voudroit-on objecter comme un sujet d'effroi la supériorité du Prince sur les pouvoirs intermédiaires dont il est la source & qui lui sont subordonnés. Voici la réponse du plus profond scrutateur des Institutions politiques. » Comme la mer qui semble vouloir couvrir
» la terre, est arrêtée par les moindres herbes
» & les moindres graviers qui se trouvent
» sur le rivage; ainsi les Monarques, dont
» le pouvoir paroît sans bornes, s'arrêtent par
» les plus petits obstacles; ils soumettent leur
» fierté naturelle à la plainte & à la prière ».

Autre loi fondamentale dans la Mo-

« Outre les rangs intermédiaires, poursuit le même publiciste, il faut encore

» dans une Monarchie un dépôt de loix. » Ce dépôt ne peut être que dans les corps » politiques, tels que les États Provinciaux » & les Compagnies de Judicature, qui font » chargés d'annoncer les loix lorsqu'elles » font faites & de les rappeller lorsqu'on les » oublie ».

> narchie; l'existence d'un dépôt de loix.

C'est ainsi qu'un judicieux observateur, assez heureusement né pour pénétrer d'un coup de génie tout le fond des constitutions politiques, a sçu découvrir & faire appercevoir les différences essentielles & les caractères opposés de la Monarchie & du Despotisme.

Qu'il soit permis, non d'ajouter sur ce point à la doctrine de M. de Montesquieu, mais de la reproduire sous une forme particulière, en l'appliquant directement à la Monarchie françoise. Qu'il soit permis, non de rien relever qu'il ait omis, mais d'exprimer ce qu'il a cru devoir se contenter de faire penser. Au sein d'une vraie Monarchie, qu'il soit permis de s'attacher curieusement

> Appliquer à la Monarchie Françoise ce que dit M. de Montesquieu touchant la Monarchie en général.

au tableau de cette constitution, & d'y marquer le degré d'influence qu'elle peut avoir sur le bonheur des sujets, & la mesure de leur liberté.

Le Monarchie Françoise a le droit de forcer ou de suppléer l'enregistrement de tout ce qui peut être loi.

LA véritable marque à laquelle se fait connoître le Souverain d'un état, est la même dans tous les Gouvernemens. C'est par la possession & le plein exercice du pouvoir législatif qu'il s'annonce toujours; & toutes les personnes dont l'autorité concourt à la formation des loix d'un état, y sont parties intégrantes du Souverain.

Aussi dans une ancienne Démocratie, celle d'Athène, la loi condamnoit à mort un étranger qui se mêloit dans les assemblées du peuple, parce qu'un tel homme, dit le grand Publiciste, pouvant alors concourir par son suffrage à la formation des loix, usurpoit le droit de souveraineté.

Pour être véritablement le Souverain de son état, & non pas seulement partie intégrante du Souverain, le Monarque François doit

doit donc être réellement Légiflateur fans partage & fans dépendance.

Enfuite pour qu'il foit, d'effet & de nom, Légiflateur, fans partage & fans dépendance, il faut qu'il ait le droit de forcer ou de fuppléer l'enregiftrement de toutes les loix; & que ce droit finiffe feulement ou finiffent les loix mêmes. Il faut, en un mot, que ce droit ne foit borné, comme le pouvoir légiflatif dont il fait partie, que par l'autorité, purement morale, des loix immuables & des loix conftitutives.

Si l'enregiftrement ou la publication des loix ne pouvoit être ni forcé, ni fuppléé par le Monarque François, il ne feroit plus le Souverain de fon état, il entreroit feulement dans la compofition du Souverain, qui ne fe formeroit que de la réunion du Prince avec les corps politiques dont il feroit obligé d'obtenir le fuffrage, pour la confommation de tout acte légiflatif. Ces corps politiques feroient, du moins autant que le Prince, parties intégrantes du Souverain.

L'autorité des représentans du Monarque est sans vertu quand elle est en opposition avec celle du Monarque, même en faveur des loix immuables ou constitutives.

DANS la Monarchie Françoise, comme en toute autre Monarchie, le Prince, suivant l'expression de M. de Montesquieu, étant la source de tout POUVOIR POLITIQUE ET CIVIL, nécessairement les Etats généraux & provinciaux, & toutes les Cours, & tous les Officiers chargés de quelque partie de l'administration, sont les représentans du Prince ; & l'idée d'une opposition entre l'autorité du Prince exercée par lui-même, & cette même autorité exercée par ses représentans ; ou l'idée d'un combat de l'autorité du Prince avec elle-même, implique contradiction.

Ainsi, toute opposition entre le Monarque François & ses représentans feroit nécessairement remonter toute l'autorité des représentans à sa source, & n'en laisseroit plus appercevoir en eux le moindre vestige.

Ainsi, dans la Monarchie Françoise, comme en toute autre Monarchie, même en faveur des loix immuables & conſtitutives, on ne peut pas mettre en ſuppoſition le choc ou la contradiction de l'autorité publique exercée par le Souverain, avec cette même autorité exercée par les repréſentans du Souverain. On ne peut pas mettre en ſuppoſition l'impoſſible & l'abſurde.

Ce n'eſt pas ſans motif qu'eſt ici ſérieuſement appréciée l'abſurde illuſion qui feroit enviſager comme poſſible, l'oppoſition de l'autorité repréſentative & de l'autorité repréſentée, l'oppoſition de la cauſe & de l'effet, l'oppoſition du Prince avec lui-même ſur un même point & dans une même détermination. Un pareil preſtige, ſi ridicule qu'il ſoit, n'a pas laiſſé d'ouvrir en Angleterre cette ſcène d'horreurs dont le tems n'affoiblit point l'atroce image, & qui fut terminée par la plus indigne cataſtrophe & le plus énorme attentat.

L'autorité des différens corps politiques qui ſe ſuccedent en Angleterre, n'eſt point une émanation de celle du Roi ; leur autorité comme la prérogative royale a sa racine & son principe dans la constitution même. Les deux chambres de chacun de ces corps, au moyen de leur concert avec le Roi, représentent la nation, & sa volonté générale dans le district de la puissance législative, comme le Prince représente seul l'une & l'autre dans le district de la puissance exécutrice. Aussi n'est-ce point au Roi qu'appartient le choix des membres de ces corps successifs. Le seul droit de les convoquer, de les proroger, de les casser est annexé par la constitution Angloise à la prérogative royale. Mais, sur-tout, ces différens corps politiques ne peuvent exercer aucune autorité sans la participation du Roi. Voulant donc en faire des actes qui ne pouvoient être revêtus du consentement royal, trop justement refusé par l'infortuné Charles Premier, un de ces corps prit un biais tout-à-fait singulier pour ne pas effaroucher les esprits, & pour concilier de tels actes avec la constitution. S'attribuant alors l'office de Roi, n'en laissant au Roi même que le nom, il se déclara, pour ainsi dire, l'aruspice, l'augure de la volonté légale du Roi.

C'étoit au Roi seul que la constitution Angloise avoit confié le droit de l'épée. Voulant donc assembler une armée contre le Roi, le même corps ne fit point faire les enrôlemens de sa propre autorité. Dérisoirement fidèle à la constitution ; il les fit faire *en vertu de la volonté légale du Roi notifiée par les deux chambres de ce même corps.* Les principes & les systêmes qui vinrent à la suite, répondirent dignement à ce début. On parvint donc à fasciner les yeux du peuple. On brouilla facilement ses idées, on eut des soldats, on s'égorgea. Comment auroit-on pu s'en défendre ? Comment se seroit-on concilié, lorsqu'on s'étoit fait une manière de raisonner qui ne permettoit ni qu'on s'entendît, ni qu'on se fît entendre.

Si les loix immuables & constitutives ne soulévent aucune matière politique ou civile

Les loix immuables & constitutives

	contre le Souverain individuel d'une Monarchie, ni pareillement contre le Souverain collectif d'une République, il en résulte dans la Monarchie, que ces loix en sont d'autant plus appuyées & d'autant mieux défendues contre le Monarque par son propre intérêt.

se défendent contre le Monarque par son propre intérêt.

Et par leur autorité purement morale.

OUTRE cela nulle autorité représentative ne pouvant subsister en opposition avec l'autorité représentée, & l'autorité d'un Monarque, comme celle de tout autre Souverain, représentant nécessairement l'autorité des loix immuables & des loix constitutives, ces loix se défendroient encore contre le Monarque par leur force ou leur vertu morale qui, dans le droit, annulleroit tous les actes qu'elles réprouveroient évidemment, & qui, par suite, imposeroit à chaque sujet une obligation privée & personnelle de ne pas accéder à de pareils actes; obligation qui n'affoibliroient même pas les risques dont elle seroit accompagnée.

Il est donc vrai qu'en France & dans toute

vraie Monarchie, l'autorité royale ne pourroit valider par un enregistrement forcé des loix nouvelles, qui choqueroient évidemment les loix immuables ou les loix constitutives. Mais, en prendre droit de représenter l'autorité royale comme arrêtée & limitée en pareil cas, par l'autorité des corps intermédiaires, ce seroit substituer une cause illusoire & chimérique à la place de la véritable cause d'un effet certain, attaché visiblement à la suprématie des loix immuables & constitutives.

En même-tems, ce droit d'arrêter & de limiter l'autorité royale, pour cause de contradiction évidente entre des loix nouvelles & les loix immuables, ou constitutives, seroit nécessairement dans les corps intermédiaires un droit illimité, puisqu'ils décideroient des occasions d'en user & de l'interposer, puisque l'application de ces termes, contradiction évidente, seroit à leur merci. Dès-lors, ces corps intermédiaires ne pourroient plus être appellés, subordonnés & dépendans; dès-lors,

Le pouvoir qui limiteroit l'autorité royale, en cas d'évidente contradiction avec les loix immuables, ou constitutives, seroit bientôt illimité.

en France, le fond des choses seroit absolument changé, tandis que la nomenclature qui conduit toujours les hommes y resteroit la même. Les noms de Monarque, de Monarchie, y continueroient de désigner le Prince & le Gouvernement comme les mots République, Consuls, Préteurs, & les autres termes relatifs à la constitution républicaine, se perpétuerent à Rome sous les Empereurs.

<small>La facilité d'abuser du nom de l'évidence seroit plus dangereuse dans un corps que dans les particuliers.</small>

Pour jetter quelqu'ombre sur cet abus du nom de l'évidence qui seroit propre à favoriser l'extension d'un droit limitatif de l'autorité royale, voudroit-on le comparer avec l'abus du même nom, que peut occasionner l'obligation privée & personnelle de se refuser à l'exécution de tous ordres, & de toutes loix évidemment répudiés par les loix immuables ou constitutives? La réalité de ce dernier danger prouveroit encore la réalité du premier. Qu'il est aisé d'ailleurs de juger combien l'un de ces abus auroit un cours plus libre & plus rapide que l'autre! L'un feroit obtenir les avantages les plus éminens, l'autre ne conduit à rien qu'à s'expofer à des rifques perfonnels. De plus, quelle comparaifon s'aviferoit-on jamais de faire entre les particuliers & des corps par rapport au degré d'importance, par rapport au crédit dans l'opinion publique ?

A QUEL point encore ne faudroit-il pas s'abufer pour évoquer les cas extraordinaires où l'enregiftrement fuppléé par le Monarque deviendroit caduc, & pour s'en fervir à prouver l'efficacité de l'enregiftrement ordonné par les corps intermédiaires & la néceffité d'un tel enregiftrement pour la formation de toutes les loix ! En toutes circonftances, où l'enregiftrement fuppléé par le Monarque deviendroit impuiffant & caduc, n'en feroit-il pas de même de l'enregiftrement qui feroit volontairement ordonné par des corps qui ne feroient plus proprement intermédiaires, puifqu'ils participeroient à la puiffance légiflative? En pareille circonftance, cet enregiftrement

L'enregiftrement volontaire de ce qui ne peut être loi, feroit nul comme le même enregiftrement qui feroit forcé.

volontaire ne perdroit-il pas également toute efficacité, si par lui-même il en avoit aucune ? La translation de la Couronne de France sur la tête d'un Roi d'Angleterre, translation faite sous le nom d'un Prince aliéné par la maladie, translation faite au préjudice de la loi politique & des droits qu'elle donnoit à Charles VII, auroit-elle été plus valide lorsqu'en apparence elle auroit été le plus librement enregistrée ? Des exemples d'un second genre d'impuissance & de caducité, dans l'enregistrement ordonné par les corps intermédiaires, seroient donc une trop bizarre preuve de l'efficacité générale d'un pareil enregistrement, & de sa nécessité pour la formation des loix.

La défense que feroit dans la Monarchie un corps politique, d'exécuter une disposition du législateur, seroit une irrégularité doublement funeste.

AINSI, dans la Monarchie Françoise, comme en toute autre Monarchie, il n'appartient à nuls corps intermédiaires d'influer sur la législation autrement que par voie de conseil ou de persuasion. Jamais il ne leur appartient d'employer les voies d'autorité, pour résister à l'autorité royale. Jamais il ne leur est permis de défendre, au nom du Roi, l'exécution des loix qu'il a fait enregistrer lui-même. La contradiction, même évidente, entre une loi nouvelle & les loix immuables, ou constitutives, ne leur fourniroit qu'un faux prétexte à saisir pour s'arroger, aux yeux des peuples, une autorité destinée à servir de contrepoids à l'autorité royale, & pour substituer au gouvernement Monarchique la plus vicieuse espece de gouvernement mixte. Ce prétexte, dont les corps intermédiaires se couvriroient, seroit évidemment dépourvu de solidité, puisque, dans la supposition alléguée, ils n'auroient pas plus d'autorité pour défendre l'exécution de l'acte émané du trône, que le Prince n'en auroit, & n'en auroit eu, pour ordonner l'exécution du même acte.

Outre cela, l'irrégularité d'une pareille défense de la part des corps intermédiaires, pour être la suite d'une première irrégularité commife par le Monarque, n'en feroit pas moins répréhenfible.

<small>Première fuite fâcheufe d'une telle irrégularité.</small>

UNE telle irrégularité de la part des corps intermédiaires confondroit toutes les idées fur l'origine & la nature de l'autorité qu'ils exercent, puifqu'il feroit abfurde, qu'avec l'autorité repréfentative, ils combatiffent l'autorité repréfentée.

Une telle irrégularité confondroit donc toutes les idées fur la nature de la conftitution Françoife. L'opinion publique cependant eft le dépôt dans lequel il importe le plus à la Nation que fes loix conftitutives ne foient point falfifiées. C'eft pour être verfées, fans aucune altération, dans ce dernier dépôt, qu'elles font recueillies dans tous les autres. Lorfque les opinions, touchant la nature de la conftitution d'un état, n'y font pas uniformes & fixes, mais difparates & vacillantes, le germe des diffentions civiles eft dans fes veines, & cette cruelle maladie

[109]

eſt toujours à la veille de s'y déployer avec ſes convulſions & ſes criſes.

EN affectant enfin, pour la défenſe des loix immuables, ou conſtitutives, une autorité monſtrueuſe dans le gouvernement Monarchique, les corps intermédiaires feroient perdre, au moment de le mettre à profit, l'avantage ſpécial & diſtinctif, qui dérive de la nature de ce gouvernement. Ils aliéneroient le Prince & l'exciteroient à perſiſter dans ſon erreur. Et ce qui fait le mérite particulier de la conſtitution Monarchique, ce qui ſemble l'élever au-deſſus de toutes les autres conſtitutions, c'eſt que le Monarque ne pouvant bleſſer ni le droit public, ni les droits des particuliers, ſans ſe bleſſer lui-même, il ſoumet d'autant plus volontiers ſa fierté naturelle à la plainte & à la prière, qu'il n'eſt effarouché par aucune eſpece de contrainte.

RECOURIR à l'autorité limitative de certains corps intermédiaires pour faire reſſortir la

Seconde ſuite fâcheuſe de la même irrégularité.

L'indépendance du Monarque eſt un motif de ſécu-

rité pour les sujets. diſtinction de la Monarchie & du Deſpotiſme, ce ſeroit également méconnoître l'un & l'autre Gouvernement. Ce ſeroit confondre le pouvoir arbitraire & le pouvoir légiſlatif abſolu. Ce ſeroit introduire, ſous le nom de Monarchie, une conſtitution Républicaine, qui, dans le fond, comme on le verra dans la ſuite, ne ſe diſtingueroit du Deſpotiſme Aſiatique que par la pluralité des Deſpotes. Ce ſeroit ôter aux ſujets la ſûreté, pour leur procurer une fauſſe & peu durable ſécurité.

C'eſt préciſément la nature de leur autorité, qui doit aſſurer aux Souverains abſolus l'amour & la confiance de leurs ſujets. C'eſt à raiſon de leur indépendance que les Souverains abſolus ne ſont point expoſés, comme les Souverains partiaires, aux impreſſions d'un intérêt contraire à l'intérêt public. C'eſt cette indépendance, cet affranchiſſement de toute aſſociation, de toute concurrence, de toute rivalité, qui donne à la volonté du Souverain dans la Monarchie une direction invariable vers la justice & le bien public.

CET avantage qui dérive de la constitution Monarchique est aussi sensible qu'il est important ; & la Nation Françoise, il faut l'avouer, a moins besoin qu'aucune autre, d'apprendre à le sentir. Que, dans les entretiens familiers, on gémisse sur les abus qu'on apperçoit, ou qu'on s'imagine appercevoir, dans l'administration, d'une commune voix on s'écrie : Si le Prince sçavoit ; c'est ainsi qu'on l'invoque de loin dans le secret des foyers domestiques. On sent qu'on est lié d'intérêt avec lui. S'il a la liberté d'abuser de son autorité, nul intérêt du moins ne lui peut inspirer une semblable volonté ; en un mot, comme on le conçoit, les passions destructives de la félicité intérieure de son royaume peuvent ramper au pied de son trône, mais non pas y siéger impérieusement avec lui & se couvrir de son diadême.

Les François sentent le mérite de leur constitution.

[112]

Il seroit à souhaiter qu'à l'égard de leur constitution, les François joignissent les lumières au sentiment.

OUI, sans doute, les François saisissent les heureuses conséquences que par sa nature la constitution Monarchique doit produire. Mais la plupart ne les saisissent que par sentiment, & comme par instinct. Ils n'ont pas recherché la vraie source de cette confiance indélibérée, avec laquelle ils appellent le Souverain à leur secours, & qui, dans l'oppression & parmi les vexations, s'ils en éprouvent de la part de ses représentans, leur fait élever vers le trône leurs mains suppliantes & leurs regards attendris, comme dans la tempête, on les élève vers le ciel.

Heureux effet de l'indépendance du Monarque, la confusion de son intérêt particulier avec l'intérêt public est le principe secret de la confiance qu'il inspire à ses sujets. Mais, parce qu'ils n'auraient pas sçu joindre l'observation avec le sentiment, dès que son indépendance, principe de leur sûreté, leur seroit présentée comme un objet de terreur, ils prendroient aussi-tôt l'alarme; on les
verroit

verroit empreſſés à chercher avec effroi quelque barrière qui pût l'arrêter ; & l'agitation & le trouble leur feroient perdre de vue la barrière naturelle qui le détermine à s'arrêter lui-même ; la plainte, la prière, les remontrances, barrière incompatible avec l'érection d'aucune autre.

DANS la commotion des eſprits, cette barrière paroîtroit foible, & ſa force conſiſte dans ſa foibleſſe apparente. Quand le Prince ne voit & n'entend que des ſujets, non des rivaux, c'eſt alors que rien ne le porte à réſiſter à la vérité. S'il eſt arrivé qu'elle ait éludé ſes premières recherches, c'eſt alors qu'il aime à courber ſous le joug honorable de la raiſon ſa tête majeſtueuſe, inflexible à tout autre joug.

Les remontrances ſont une barrière d'autant plus forte qu'elle paroît plus foible.

CE qu'en France, tous ont pu ſentir, il ſeroit donc à deſirer que tous également euſſent ſçu l'obſerver.

Il ſeroit à ſouhaiter qu'en France le contraſte de la Monarchie & du Deſpotiſme eût été bien ſaiſi.

Un penchant aveugle eſt trop ſuſceptible

de prendre le change. Pour que la confiance fût folidement affermie, il faudroit qu'elle fût éclairée; il faudroit que la connoiffance tant des loix conftitutives d'une Monarchie, que de leurs effets néceffaires eût été plus répandue, plus méditée, plus approfondie. Quel contrafte entre la Monarchie & le Defpotifme!

L'exécution des loix jufqu'à leur révocation eft affurée dans la Monarchie par une loi conftitutive.

Si la première loi conftitutive d'une Monarchie fait réfider toute la plénitude de la puiffance fouveraine dans le Monarque, par une feconde loi non moins conftitutive, non moins fondamentale; il eft aftreint à gouverner par des loix fixes & pofitives, générales autant que les matières diverfes le comportent, & préalables à toute application.

Ainfi, dans la Monarchie, les anciennes loix, non conftitutives, ne reçoivent une continuation d'autorité que par l'approbation préfumée du Monarque régnant. Le choix & la révocation des loix dépendent de fa volonté. Mais, l'efficacité des mêmes loix en est indépendante. Cette efficacité, jusqu'au moment de leur révocation, est fondée sur une véritable loi constitutive.

Si le Monarque supérieur aux loix pour les établir ou les modifier, pour les révoquer ou les réformer, leur étoit encore supérieur au point d'être en droit de les éluder & de les enfreindre; s'il avoit le droit d'abolir par l'effet rétrograde d'une loi nouvelle l'effet antérieur de celle qu'il révoqueroit; si la révocation pouvoit détruire ou seulement ébranler les droits acquis pendant la durée de la loi révoquée; en un mot, si le Monarque pouvoit faire que dans un même-tems, les loix qu'il auroit lui-même établies, ou qu'il auroit laissé subsister, eussent été des loix & ne l'eussent pas été; ce seroit alors qu'on appercevroit plus entre la Monarchie & le Despotisme une différence réelle, mais seulement une phantastique différence de nom; puisqu'en effet, ce qui caractérise le Despotisme ou le Gouvernement arbitraire, c'est l'inexistence des loix, & la prééminence des décisions particulières du Prince sur toute loi qu'il établit, ou laisse exister dans son état.

Le Despote gouverne par sa volonté, le Monarque gouverne par des loix, émanées de sa volonté. La différence est donc infinie entre l'un & l'autre. Mais, cette différence s'effaceroit & disparoîtroit entièrement, si la volonté du moment, réduite en la loi par le Monarque, pouvoit intervertir l'effet antérieure le plus évident de ses volontés, antérieurement réduites en loix.

<small>Exemple de la différence entre l'efficacité & l'immutabilité des loix.</small>

PENSEROIT-ON que la différence de l'efficacité & de l'immutabilité des loix n'est pas encore assez marquée ? Un seul exemple de la différence de ces deux idées bannira toute équivoque.

Par une disposition formelle du droit public, les Juges royaux, dans toute la France, sont déclarés inamovibles. Cette disposition veut être envisagée sous deux aspects différens. Elle rend, d'un côté les Juges royaux permanens; d'autre part, elle ne leur laisse à redouter la destitution personnelle qu'en cas de forfaiture juridiquement constatée. Sous ce dernier rapport, la disposition dont il s'agit, est irrévocable. Des Juges en dernier ressort, qui seroient soumis à l'avilissante condition d'être révocables à volonté, ne s'impatiseroient qu'avec le Despotisme. Sous le premier aspect la même disposition n'est point irrévocable, & les Juges royaux demeurent exposés aux spéculations du Législateur, sur qui roule toute l'administration, à qui dans toutes les parties est réservé le choix des plus sûrs moyens d'opérer le bien public, & qui doit décider souverainement de toute institution politique secondaire, & dérivée de son autorité. Il peut donc étendre ou restreindre les pouvoirs qu'il confie aux différens corps de magistrature. Il peut supprimer l'un, supprimer dans un autre un certain nombre d'offices, &, dans ces suppressions, étant guidé par des motifs généraux & transcendans, & non par des motifs personnels, aux possesseurs des offices supprimés, il ne ternit point leur bonne renommée & ne donne aucune atteinte à la loi qui la protége. Ce qui demeure d'autant plus constant qu'il conserve aux Officiers supprimés les priviléges honorifiques que leurs offices leur donnoient; & pour garder toujours les mêmes ménagemens, s'il se propose seulement de diminuer dans un corps le nombre des offices, il se sent obligé de s'interdire toute espece de triage arbitraire, il suit un certain ordre de tableau; souvent même il décide que les offices superflus s'éteindront seulement à mesure qu'ils viendront à vaquer.

Il semble enfin qu'il convient mieux à la nature de la Monarchie que les Juges soient permanens. Néanmoins un motif très-touchant, l'avantage de favoriser la liberté civile, donneroient un grand relief à la loi, qui ne confieroit la puissance de juger, qu'à des personnes choisies, de la manière qu'elle prescriroit & pour un tems limité qu'elle fixeroit. Pour lors, en France, comme en Angleterre, suivant la remarque de M. de Montesquieu, « la puissance de juger, si » terrible parmi les hommes, n'étant plus » attachée aux personnes, & ne formant » plus une profession particulière, deviendroit » invisible & nulle. On n'auroit point conti- » nuellement des Juges devant les yeux; on » craindroit la Magistrature & non pas les » Magistrats ».

Ainsi, réduite à sa juste valeur, la loi qui déclare en France les Juges royaux inamovibles, est une loi très-raisonnable en elle-même & d'une vénérable antiquité. Ce n'est pas cependant une loi fondamentale, constitutive, immuable. Au contraire, dans l'un de ses rapports, elle est sujette à révocation.

Mais l'exécution de cette loi, dans le rapport sous lequel elle est irrévocable, comme aussi l'exécution de la même loi jusqu'à sa révocation dans le rapport fous lequel elle peut être révoquée, comme pareillement encore l'exécution de toute autre loi jusqu'au même terme, est garantie par une loi tellement constitutive, qu'elle est la seule ligne de séparation entre la Monarchie & le Despotisme.

Le Monarque ne pourroit donc pas supprimer des offices qui seroient remplis par des titulaires irréprochables, & recréer, au même instant, d'autres offices de la même espece pour y nommer de nouveaux titulaires. Un pareil circuit d'actes législatifs n'auroit évidemment d'autre but, & d'autre effet que de dégrader les titulaires des offices supprimés. Dès-lors, ceux-ci n'ayant point encouru la destitution, leur suppression n'auroit, dans le droit, aucune consistance, aucune valeur, aucune réalité. Le Monarque n'étant pas supérieur aux loix pour les éluder non plus que pour les enfreindre, il ne pourroit pas valablement envelopper sous une forme de suppression une destitution déguisée & dénuée de fondement. Il violeroit par ce manége une loi constitutive, qui, semblable à celle qui le fait Monarque, est notifiée par le même titre, l'usage & l'exécution suivie; est loi par la même cause, par l'intérêt général, & puise immédiatement son empire à la même source, dans l'autorité du Souverain universel des nations, dans la raison humaine. Par de tels actes législatifs le Monarque offenseroit donc, & par cela même atténueroit indiscretement l'unique principe créateur de son propre droit.

Lorsqu'au contraire, la destitution auroit été notoirement encourue par des Officiers supprimés, lorsqu'une erreur systématique auroit séduit leur zèle, & mis la constitution en péril par les prétentions exaltées qu'elle leur auroit suggérées, l'emploi d'une forme propre à masquer leur destitution seroit un adoucissement, qu'exigeroit le principe excusable de leur faute & le caractère modéré du gouvernement Monarchique. Comme auſſi la douceur du gouvernement Monarchique & le principe excuſable de leur tort exigeroient que leur retour à la vérité les fit rentrer dans leurs anciens droits, lorſque leurs droits pourroient ſe concilier & s'amalgamer avec les droits de ceux qui, vivement échauffés par un zèle également pur, mais plus heureux & dirigé par des vues plus ſaines, auroient été les ſauveurs de la conſtitution établie.

La diſtinction de l'efficacité & de l'immutabilité des loix étant entièrerement éclaircie, & la loi conſtitutive, d'où provient l'efficacité des loix ſujettes à varier, étant miſe dans un plus grand jour, la ſuite des détails interrompus par cette diſcuſſion incidente, en devient plus claire. Le contraſte entre la Monarchie & le Deſpotiſme en devient plus frappant.

Utilité de la loi conſtitutive qui ga- CETTE loi conſtitutive, qui garantit dans la Monarchie, non pas l'immutabilité, mais l'exécution des loix jusqu'à leur révocation, est la sauve-garde des citoyens. C'est par elle qu'ils sont véritablement soumis à des loix, & non pas au pouvoir arbitraire. C'est par elle qu'ils ont des droits stables & certains.

<small>rantit, dans la Monarchie, l'exécution des autres loix</small>

ENSUITE, des loix fixes & positives sur tous les objets qui peuvent en requérir, préservent, autant qu'il est possible, l'honneur, la vie & la fortune des citoyens, de l'erreur ou de l'équité des jugemens. Tout est réglé dans les accusations, dans les actions civiles, l'attaque & la défense, la qualité des délits, la valeur des différentes preuves, le genre de peine. En un mot, le flambeau des loix éclaire les particuliers, les administrateurs & les juges. Ainsi chacun jouit en paix de son innocence & de sa propriété. Pour écraser l'une ou pour envahir l'autre, chacun sent combien d'obstacles la malignité & la cupidité auroient à surmonter.

<small>Avantage d'avoir des loix fixes & antérieures aux jugemens.</small>

Des loix enfin qui précedent les applications

qu'elles doivent avoir, rendent le législateur inaccessible à la partialité.

Voilà ce qui renverse toute idée d'analogie entre le Despotisme & la Monarchie. Dans la Monarchie, en un mot, le Prince est le Législateur; dans le Despotisme, il est la loi.

Dans la Monarchie, les Administrateurs & les Juges ne sont que les Ministres des loix faites, ou tacitement approuvées par le Prince; dans le Despotisme tout dépositaire de l'autorité du Prince, est la loi même, comme le Despote. Dans cet état, point de loix antérieures à la décision, ou du moins celle que le Despote lui-même a faites ou qu'il a laissé subsister, sont toujours regardées comme subordonnées à ses décisions momentanées. « En Perse, dit M. de Montesquieu, » lorsque le Roi a condamné quelqu'un, on » ne peut plus lui en parler, ni demander » grace. S'il étoit ivre, ou hors de sens, » il faudroit que l'arrêt s'exécutât tout de » même; sans cela il se contrediroit & la

[125]

» loi ne peut se contredire. Cette manière
» de penser y a été de tout tems. L'ordre
» que donna Assuérus d'exterminer tous les
» Juifs, ne pouvant être révoquée, on prit
» le parti de leur permettre de se défendre ».
Ainsi, dans l'état despotique, tout dépendant
de la volonté particulière & subite, soit du
despote, soit de ses représentans, nul ne peut
avoir aucune sûreté morale de conserver sa vie
& sa fortune, & le tourment que doit donner
cette affreuse incertitude, dégénère par l'habitude en une sorte d'accablement d'esprit, qui
nécessairement étouffe toute estime de soi-
même & tout sentiment d'honneur. Il est
même à craindre que ceux à qui leur innocence ne peut donner la paix & la tranquillité
d'esprit, ne soient capables de tout.

DANS la Monarchie enfin, le principe
constitutif qui garantit l'exécution des loix
jusqu'à leur révocation, a, pour garant de
sa propre stabilité, l'autorité morale qu'il
renferme, l'obligation personnelle qu'il

Solidité de la loi constitutive qui garantit, dans la Monarchie, l'exécution des autres loix.

impose à tous les citoyens de se refuser à l'exécution de tous ordres & de toutes loix qui l'offenseroient évidemment, & sur-tout, l'intérêt personnel du Monarque lui-même, à qui les loix rendent, par une sorte de réaction, la paix & la sécurité qu'il procure par elles à ses sujets. « Le Monarque, dit » si bien M. de Montesquieu, doit se juger » en sûreté comme le Despote doit se croire » en péril ».

<small>Autre différence entre la Monarchie & le Despotisme. Le Monarque n'exerce pas & ne doit pas exercer la puissance de juger.</small>

AUTRE différence bien importante entre la Monarchie & le Despotisme. Nul intervalle ne sépare les accès de la colère despotique & ses arrêts. Le Monarque, au contraire, abandonne entièrement à des corps subordonnés & dépendans l'exercice de la puissance de juger. Il se contente de nommer des Juges & s'abtient de juger lui-même tant au civil qu'au criminel. Cette réserve de sa part est absolument conforme à l'esprit de la Monarchie, parce qu'elle intéresse essentiellement la liberté, c'est-à-dire, la sûreté des particuliers & fur-tout la fûreté des grands.

VAINEMENT allégueroit-on l'exemple de S. Louis qui rendoit fouvent la juftice par lui-même dans fes domaines comme les Barons la rendoient dans les leurs. Quel étoit dans ce tems l'état des chofes & quelles étoient les connoiffances? Le régime féodal dominoit : La France étoit divifée en PAYS DE L'OBÉISSANCE LE ROY, ET EN PAYS HORS L'OBÉISSANCE LE ROY. Dans les premiers, l'autorité royale étoit prefque fans régle; elle étoit nulle dans les autres; la jurifprudence ou l'art de parvenir à l'exacte diftribution de la juftice étoit dans le cahos, & le gouvernement qu'on avoit fous les yeux, bien loin de rapprocher les efprits de l'idée d'une Monarchie régulière, les en détournoit & les en écartoit abfolument.

Nulle objection à tirer de l'exemple de S. Louis.

Que conclure d'ailleurs des vertus perfonnelles du Souverain? tout ce que feroit par lui-même un Prince doué d'un génie & d'une vertu fupérieure, porteroit fans doute à bénir le gouvernement arbitraire; mais il ne pourroit pas tout faire pour lui-même.

Les avantages politiques, quand ils font liés à l'inftitution, ne font-ils pas bien plus folidement affurés, que lorfqu'ils dépendent du caractère perfonnel des Adminiftrateurs? Le mérite particulier des Adminiftrateurs les honore, fans qu'on en puiffe faire honneur à la conftitution à laquelle leur mérite eft étranger. Celle-ci demeure; ceux-là ne font que paffer, & leurs vertus paffent avec eux. Le premier foin même que leur font prendre leurs lumières & leur vertu, c'eft de travailler à mettre les loix à la place du pouvoir arbitraire. On en voit la preuve dans S. Louis même, par l'ouvrage que ce Prince fit commencer & qu'on nomme les établiffemens de S. Louis.

Quelle nature de fuffrage attribuer à des Juges préfidés par le Monarque.

QUELLE feroit la condition du Monarque, entrant dans une affemblée de fes propres fujets, non plus en qualité de légiflateur, mais fous la fimple qualité de juge? En cette

qualité

qualité seroit-il au niveau des autres Juges? Deviendroit-il ainsi le représentant de lui-même pour partie seulement, & son suffrage seroit-il anéanti par la pluralité des suffrages contraires ? Sa dignité, pour lors, paroîtroit compromise, tandis qu'il lui suffiroit d'un autre côté, de laisser entrevoir son sentiment pour entraîner toutes les voix. Au contraire, les autres Juges n'auroient-ils que la voix consultative, & la seule opinion du Souverain formeroit-elle la décision? Un Magistrat unique, répond M. de Montesquieu, ne peut avoir lieu que dans le gouvernement Despotique. « On voit, dit-il, dans l'histoire, à
» quel point un Juge peut abuser de son
» pouvoir. Comment Appius, sur son tri-
» bunal, n'auroit-il pas méprisé les loix,
» puisqu'il viola celle même qu'il avoit faite.
» Tite-Livre nous apprend l'inique distinc-
» tion du Décemvir. Il avoit aposté un
» homme qui réclamoit devant lui Virginie
» comme son esclave. Les parens de Virginie

Tom. I.   I

» lui demanderent qu'on la leur remît en
» vertu de sa loi, jusqu'au jugement définitif.
» Il déclara que sa loi n'avoit été faite qu'en
» faveur du père, & que Virginius étant
» absent, elle ne pouvoit avoir d'application ».

<small>Funestes conséquences de l'usage qu'un Monarque feroit de la puissance de juger.</small>

Concluons donc avec M. de Montesquieu. « Dans les états despotiques, le Prince
» peut juger lui-même ; il ne le peut dans
» les Monarchies ; la constitution seroit dé-
» truite ; les pouvoirs intermédiaires dépen-
» dans anéantis ; on verroit cesser toutes les
» formalités des jugemens ; la crainte s'em-
» pareroit de tous les esprits ; on verroit la
» pâleur sur tous les visages ; plus de con-
» fiance, plus d'honneur, plus d'amour, plus
» de sûretés, plus de Monarchie ».

« Voici d'autres réflexions, continue le
» même Auteur : Dans les états Monarchi-
» ques, le Prince est la partie qui poursuit
» les accusés & les fait punir ou absoudre.
» S'il jugeoit lui-même, il seroit le juge &
» la partie ».

« Dans ces mêmes états, le Prince a
» souvent les confiscations; s'il jugeoit lui-
» même, il seroit encore le juge & la partie ».

« De plus, il perdroit le plus doux attribut
» da sa souveraineté, celui de faire grace.
» Il seroit absurde qu'il fit & défit ses juge-
» mens; il ne voudroit pas être en contra-
» diction avec lui-même : outre que cela
» confondroit toutes les idées; on ne sçauroit
» plus, si un homme seroit absous, ou s'il
» recevroit sa grace ».

« Les jugemens rendus par le Prince se-
» roient une source intarissable d'injustice &
» d'abus; les courtisans extorqueroient par
» leur importunité ses jugemens. Quelques
» Empereurs Romains eurent la fureur de
» juger, nuls régnes n'étonneront plus l'uni-
» vers par leurs injustices ».

« Claude, dit Tacite, ayant attiré à lui
» le jugement des affaires & les fonctions
» des Magistrats, donna occasion à toutes
» sortes de rapines. Aussi, Néron parvenant

» à l'empire après Claude, voulant se conci-
» lier les esprits, déclara qu'il se garderoit
» bien d'être le juge de toutes les affaires,
» pour que les accusateurs & les accusés dans
» les murs d'un palais ne fussent pas exposés
» à l'unique pouvoir des affranchis ».

« Les loix, dit M. de Montesquieu,
» sont les yeux du Prince. Il voit par elles
» ce qu'il ne pourroit pas voir sans elles ».
Les loix sont ses bras & ses mains, peut-on
ajouter : Il atteint par elles où sans elles il
ne pourroit atteindre. Il fait par elles ce
qu'il ne pourroit pas faire sans elles. « Veut-
» il faire la fonction des tribunaux ? Il
» travaille non pour lui, mais pour ses
» séducteurs contre lui ».

<small>Première exception à la régle qui presse le Monarque de ne pas juger lui-même. Il doit prononcer sur les jugemens contraires à ses loix.</small>

CETTE régle si conforme à l'esprit d'une constitution qui, pour se soutenir elle-même, & pour gouverner l'homme, n'a pas besoin de l'anéantir & de lui ravir l'opinion de sa sûreté; cette régle inhérente à tout gouvernement, dont la manœuvre n'est pas semblable à celle des sauvages de la Louisiane qui coupent l'arbre au pied pour en cueillir & manger le fruit; cette régle, que le Prince doit s'abtenir de juger en matière civile & criminelle, reçoit néanmoins deux exceptions, également fondées sur la nature de la Monarchie.

Si le Monarque ne peut rappeller à lui la puissance de juger sans dénaturer la constitution, que deviendra cependant en sa main la puissance législative, lorsqu'il sera journellement obligé de faire servir la force publique dont il dispose, à l'exécution des jugemens qui seront en contradiction manifeste avec ses loix ? Les juges ne seront-ils pas alors les seuls législateurs & la constitution ne sera-t-elle pas de même absolument dénaturée ?

Entre ces deux écueils, sans heurter ni l'un ni l'autre, passe, avec une sagesse infinie, le Gouvernement François, devenu par le bienfait du tems & par un progrès insensible, le vrai modele d'une Monarchie régulière.

Le Monarque François, dans son conseil, ne prononce pas sur les affaires jugées pour en décider différemment ; mais il prononce sur les jugemens mêmes, pour les casser & les annuller, s'il les estime formellement contraire à quelqu'une de ses loix expresses ou tacites, les premiers principes de l'équité naturelle étant toujours loix de l'état, quoiqu'ils n'en aient pas toujours la forme extérieure. Lorsqu'un jugement est cassé, la contestation qui paroissoit éteinte, revit, & le Prince en renvoie la connoissance à quelqu'un de ses tribunaux ordinaires & civils, autre que celui dont il vient d'anéantir la décision.

En décidant du sort des jugemens civils, le conseil du Prince n'a point directement en vue l'intérêt civil, mais le maintien de la puissance législative du Monarque.

AINSI, dans le Gouvernement François, le conseil du Prince n'est point un tribunal civil, établi pour administrer la justice distributive, & protéger l'intérêt particulier contre l'injustice ou l'erreur des particuliers & des juges. C'est un ressort purement politique dont la destination principale est de maintenir la constitution, ou de conserver au Prince la réalité de la puissance législative qu'il importe si fort de tenir séparée de la puissance de juger; c'est un ressort néanmoins qu'ont très-habillement permis à l'ardent & vigilant intérêt particulier de mettre en action.

Les membres du conseil du Prince sont donc aussi des Magistrats politiques, & non des Magistrats civils. Ils sont comme les gardes du corps de la loi. Ils sont juges de son sens littéral & naturel, & non de son sens viscéral & problématique. Est-elle susceptible de deux interprétations différentes? Il n'importe qu'ils inclinent à rejetter celle que les Magistrats civils ont adoptée. Ce n'est point une raison pour qu'ils opinent que cette interprétation doit être cassée. En opinant de la sorte, ils sortiroient de la question que le Prince leur propose; ils ne répondroient pas à l'intention dans laquelle il les consulte; ils l'induiroient en erreur; ils l'engageroient à venger sa puissance législative d'un attentat faussement supposé; ce qui les rendroient coupables d'injustice envers les particuliers, forcés de rentrer dans une triste arêne, & frustrés du légitime avantage qu'ils auroient obtenu.

En opinant de la sorte, les membres du conseil attriburoient à leur manière de raisonner, dans la discussion des loix, une supériorité juridique, qui répugne à la nature de leurs fonctions. En effet, ne seroit-il pas absurde qu'ils fussent en droit de préférer, sur le fond d'une contestation, leur décision à celle d'un tribunal civil; tandis qu'ils n'auroient pas le droit de substituer sur le champ leur propre système au système par eux réprouvé; tandis que les parties contestantes, seroient exposées à retrouver ce dernier système dans les nouveaux Magistrats civils qui leur seroient indiqués. Le devoir des Magistrats du conseil est donc en pareil cas de regarder leur propre système comme admissible pour l'avenir, d'en adresser au Législateur une exposition raisonnée, & d'en abandonner le sort à sa décision suprême.

Puisqu'il est de l'essence de la Monarchie que les jugemens civils soient comme s'ils n'avoient jamais été, lorsque le Législateur lui-même les déclare justement argués de contradiction avec ses loix, il est encore de l'essence de la Monarchie que les membres du conseil du Prince n'ayent, en sa présence, que la voix consultative dans l'examen des jugemens civils, dénoncés par les parties intéressées, comme renfermans quelque attentat à l'autorité du Législateur. Le Monarque ne seroit ni Législateur, ni Souverain, si, pour se conserver tel, il ne se suffisoit pas à lui-même; si les membres de son conseil joignoient la faculté de détériorer son titre & ses droits, à l'obligation de les préserver de toute espece d'atteinte.

En présence du Monarque les membres de son conseil, quand il s'agit du sort des jugemens civils, n'ont que voix consultative.

Quand les Magistrats du conseil prononcent en matière fiscale, & sur l'appel des

Les membres du conseil du Prince peuvent avoir

[138]

voix délibérative sur le fond de quelques affaires civiles.

ordonnances des Intendans; qu'ils ayent alors voix délibérative, rien n'est plus conforme à la nature des choses; le conseil, sous ce rapport, est un tribunal civile; il décide en effet entre les prétentions particulières du fisc & la résistance de l'intérêt privé.

Le membre du conseil ne devroient pas faire fonction de tribunal civil.

POUR ne rien déguiser, puisqu'il est ici question de cette jurisdiction réservée au conseil du Prince, relativement aux matières fiscales, il faut avouer que M. de Montesquieu la représente comme une irrégularité dans la Monarchie; mais, il faut dire aussi, que cette irrégularité très-circonscrite en elle-même, est au moins colorée par des motifs très-spécieux, par la crainte des effets de la prévention dans les tribunaux ordinaires, par la nécessité d'éviter leurs lenteurs pour tout ce qui tient à l'administration.

Autre exception à la régle qui presse le Monarque de s'abstenir de juger. Il a le droit de prononcer

OUTRE le droit que la constitution monarchique donne au Prince de foudroyer, & d'abolir les jugemens & les actes qui lui paroissent contrarier formellement ses loix, elle attache encore à sa personne une seconde prérogative qui devient la seconde exception à l'invitation pressante qu'elle lui fait de s'interdire l'office de Juge. En un mot, la nature de la constitution monarchique demande que le Prince soit seul juge dans sa propre cause, s'il faut qu'il essuie, de la part des corps intermédiaires, un conflit d'autorité qui n'aura pas même l'ombre d'un prétexte plausible.

seul la destitution de ses représentans qui se rendent ses concurrens.

Selon les régles de la vraisemblance, l'occasion à l'application effective d'un tel droit, ne se présentera jamais. Très-heureusement il se fait envisager comme un pur objet de spéculation. Cependant, l'existence de ce droit, est précisément ce qui fait qu'il est hors d'usage & sans application. Par cette raison donc, il est déja nécessaire de le rappeller, pour ne pas morceler & tronquer un sujet, qui ne sera bien conçu qu'après avoir été considéré dans toutes ses parties, & dans tout son ensemble.

Ne feroit-ce pas une contradiction palpable, qu'une même constitution accordât au Prince la pleine souveraineté & qu'elle admît un tribunal, où le Prince feroit siéger à ses côtés ses propres sujets, avec voix délibérative, pour décider des prétentions qui lui paroîtroient déroger à sa souveraineté ?

C'est donc au Monarque seul que les loix constitutives confient la garde de sa souveraineté. Le droit de la restreindre ne peut jamais accompagner dans ses sujets l'obligation de la défendre.

Mais, en autorisant le Prince à se faire justice, en cas d'atteintes portées à sa souveraineté, par les corps intermédiaires, la constitution Monarchique l'autorise moins à punir, qu'à repousser l'invasion. Elle demanderoit donc, en pareil cas, qu'il se contentât de briser des offices transformés en armes offensives, & de destituer ses représentans qui se seroient méconnus.

La sûreté des particuliers demande qu'ils soient jugés par des compagnies de judicature, & l'intérêt public le permet parce qu'il n'en souffre pas. Mais, la nature de la Monarchie & la sûreté de la constitution, & par conséquent l'intérêt public, exigent qu'en fait d'atteintes portées à sa souveraineté par des compagnies de judicature, ou d'administration, le Monarque soit seul juge dans sa propre cause. Cependant, la sûreté des membres de ces compagnies, qui n'ont à craindre, pour ce sujet, que d'être destitués de leur office, n'est, même à cet égard, nullement compromise.

La sûreté des représentans du Monarque n'est point compromise par le droit qu'il a de les destituer en un certain cas.

Lorsque le cas de la destitution d'un corps entier ne seroit pas évidemment & notoirement arrivé; verroit-on jamais un Monarque en prononcer l'arrêt solemnel, dans l'auguste assemblée de tous les grands du Royaume?

L'opinion publique, que les Souverains & leurs Ministres sçavent être au fond leur mobile principal; qui, lorsqu'elle est erronée, les assujettit aux plus grands ménagemens, qu'on ne parvient à rectifier qu'en usant de circonspection & d'adresse, est bien plus imposante encore lorsqu'elle s'accorde avec la justice & la raison. C'est pour lors une masse d'un poids énorme, ou c'est une digue insurmontable. Elle arrête, ou bien elle entraîne tout.

A peine même entre le Prince d'une monarchie & des compagnies de judicature ou d'administration, à peine l'opinion publique seroit-elle partagée, lorsqu'elle en auroit lieu, lorsque la cause du Souverain seroit douteuse. L'évidence seule pourroit conserver, contre les corps intermédiairas, quelques défenseurs à l'autorité royale. Sa force apparente qui, par un avantage d'ailleurs infiniment précieux, ne menace ni l'honneur, ni la vie, ni la propriété, mais seulement une certaine liberté locale; & la foiblesse apparente de la magistrature qui couvre légérement & laisse entrevoir, à tous les sujets, une puissance pour eux si terrible, à laquelle il est donné de flétrir, tourneroient tout à-la-fois contre le Souverain, & l'honneur, ou l'ostentation du courage & de la fermeté, & le sentiment réel de la crainte la mieux fondée.

On doit donc être sans inquiétude, en voyant le Monarque autorisé par une loi fondamentale, à destituer en cas de nécessité ses représentans, à tout autre égard, inamovibles. C'est à juste titre aussi que ce droit du Monarque est annoncé comme ayant sa racine dans une loi fondamentale; puisqu'il vient nécessairement à l'appui de la constitution, puisqu'il sert à retenir les corps intermédiaires dans la subordination & la dépendance, puisque ce droit enfin sera d'autant plus sûrement nul dans l'usage, qu'il sera plus constant & plus affermi dans la spéculation

On se tromperoit encore étrangement, en regardant ce même droit du Monarque, comme ayant été rejetté & combattu par

M. de Montesquieu n'a point entendu contester au Monarque le droit de desti-

[144]

tuer ses représentans en cas de nécessité

M. de Montesquieu. Ce n'est pas dans cet esprit qu'il a prononcé la maxime suivante : « La Monarchie se perd lorsqu'un Prince » croit qu'il montre sa puissance en changeant » l'ordre des choses qu'en le suivant, lorsqu'il » ôte les fonctions naturelles des uns pour » les donner arbitrairement aux autres ».

Les actes nécessaires sont justement le contrepied des actes arbitraires. Pour sauver l'homme, en arrêtant le ravage du fluide intérieur qui porte la chaleur & la vie dans tous ses membres, il faut quelquefois lutter contre ce fluide même, en diminuer le volume, & par différens procédés, en rallentir l'impétuosité, jusqu'à ce qu'enfin les causes d'une fermentation étrangére étant éteintes, il reprenne son cours ordinaire & paisible.

Le Monarque n'aura pas à réprimer ses représentans, lorsque sa vigilance aura prévenu leurs erreurs & leurs écarts.

QUOIQUE le Monarque, en se voyant muni du pouvoir nécessaire pour réprimer un abus, puisse espérer que cet abus n'osera se produire, il ne doit pas néanmoins se croire dispensé

de

de toute espèce de vigilance. Les corps intermédiaires, subordonnés & dépendans que suppose la Monarchie, méritent singuliérement la confiance du Prince. Mais la confiance bannit l'inquiétude & le trouble sans exclure la vigilance. « Dans un siècle ou dans un
» gouvernement, dit M. de Montesquieu,
» lorsqu'on voit les divers corps de l'état
» chercher à augmenter leur autorité, & à
» prendre les uns sur les autres de certains
» avantages, on se tromperoit souvent si
» l'on regardoit leur entreprise comme une
» marque certaine de leur corruption. Par
» un malheur attaché à la condition humaine,
» les grands hommes modérés sont rares;
» & comme il est toujours plus aisé de
» suivre sa force que de l'arrêter, peut-être
» dans la classe des gens supérieurs, est-il plus
» facile de trouver des gens extrêmement ver-
» tueux, que des hommes extrêmement sages ».

« L'ame goûte tant de délices à do-
» miner les autres ames; ceux qui aiment

» le bien, s'aiment si fort eux-mêmes, qu'il
» n'y a personne qui ne soit assez malheu-
» reux pour avoir encore à se défier de ses
» bonnes intentions ; & en vérité nos actions
» tiennent à tant de choses, qu'il est mille
» fois plus aisé de faire le bien que de le bien
» faire ».

Il est donc de la sagesse du Prince dans la Monarchie de se défier des bonnes intentions de ses Officiers, de la même manière, dont ils doivent s'en défier eux-mêmes. Il est de sa sagesse d'avoir les yeux ouverts sur les dogmes politiques, insérés dans les actes, que les corps intermédiaires ont occasion de mettre au jour. Il est de sa sagesse d'avoir les yeux ouverts sur les débats qui s'élevent entre ces différens corps, & sur les principes dont ils se font un rempart, ou des armes offensives. Il est de sa sagesse de ne pas élever les uns sur la ruine des autres, & de ne pas rompre cette espece d'équilibre qui les tient tous dans une juste dépendance à l'égard du Légiſlateur. Il eſt de ſa ſageſſe de proſcrire, à la première vue, dans tous leurs actes, les expreſſions ambitieuſes, & les maximes hardies qui ſeroient les premiers matériaux d'un ſyſtême anti-monarchique. Il eſt plus ſûr d'étouffer l'erreur dès ſa naiſſance que de s'expoſer, pour en triompher dans la ſuite, à ſubſtituer le dangéreux empire de la force au paiſible aſcendant de l'autorité. Pour avoir une influence heureuſe & certaine, il faut que la force ne ſe montre que dans l'éloignement. Trop directement employé, cet inſtrument perfide eſt ſujet à déchirer la main qui le met en uſage.]

TELLE eſt donc enfin la nature de la Monarchie. Telles en ſont les principales loix conſtitutives, qui juſtifient pleinement la confiance des ſujets & qui l'affermiront de plus en plus, à meſure qu'ils auront été plus approfondies. Pour hâter cet heureux effet, après qu'on auroit ainſi facilement démêlé

L'influence de la conſtitution Monarchique ſur la liberté des ſujets juſtifie de nouveau la confiance naturelle que cette conſtitution leur inſpire.

les loix conſtitutives qui diſtinguent ſi glorieuſement la Monarchie du Deſpotiſme, il faudroit de plus qu'on évaluat leur influence ſur la liberté ſtrictement définie.

Avec quelle magique puiſſance ce terme équivoque a ſouvent agi ſur les eſprits, offuſquant tout à coup toutes les lumières & retournant en un moment toutes les affections ! Pour mener les hommes à la ſervitude & pour les engager à ſuivre en aveugles, combien de fois n'a-t-il pas ſuffi de faire ſans ceſſe retentir à leurs oreilles, durant le trajet, le nom de la liberté ? Combien ſeroit-il donc à deſirer qu'on ceſsât de l'appercevoir par tout ailleurs qu'à ſa véritable place ! Combien ſeroit-il à deſirer que l'idée de la liberté fût moins vague, moins indéterminée ; & que tout œil en vît à découvert les véritables fondemens ! Chaque rayon de lumière qui part de ce point, embellit le tableau de la conſtitution Monarchique & la fait aimer davantage en éclairant sur ce qui doit la faire aimer.

L'EXAMEN de la liberté rappelle, sur le champ, le principe déja cité, comme étant renfermé dans l'idée même de la justice, que le glorieux avantage de la connoître, emporte l'obligation de l'observer. Suivant ce principe, la liberté de l'homme, ou l'usage de ses facultés tant acquises que naturelles, est donc limitée par les régles de la justice: considérée dans ses relations actives & passives, la liberté consiste donc à pouvoir user de ses facultés tant acquises que naturelles, sans blesser la justice, & sans avoir aucune injustice à redouter. *Définition de la liberté considérée dans ses relations actives & passives.*

VOILA donc deux idées réunies sous un même terme : l'idée d'un droit & l'idée d'une obligation. L'obligation est de ne pas abuser de ses forces soit naturelles soit acquises; le droit est de n'éprouver, d'aucune part, aucun abus du même genre. Cette obligation & ce droit se correspondent, & sont enchaînés l'un *La liberté mutuelle ne peut s'accorder avec l'indépendance mutuelle.*

à l'autre. Ils sont respectivement la cause & l'effet l'un de l'autre ; & comme le droit est mutuel, l'obligation est nécessairement réciproque,

En même-tems, la certitude de l'exécution de l'obligation réciproque est le seul gage de la jouissance du droit mutuel. La liberté de chacun ne peut exister sans un frein qui retienne la liberté de tous & de chacun dans les limites de la justice,

Pour garantir la pleine exécution de l'obligation réciproque, les moyens ayant toujours été, comme ils seront toujours, insuffisans, il est évident que la jouissance du droit mutuel ne fut jamais & ne pourra jamais être pleinement garantie. Triste, mais indubitable maxime : aucune partie du globe n'a vu, ni ne verra l'homme parfaitement libre,

Si les hommes étoient restés dans l'indépendance, leur liberté n'auroit-elle pas été le jouet des forces particulières ? n'auroient-ils pas violé continuellement les uns à l'égard des autres les régles de la justice ?

L'ÉTABLISSEMENT de la société civile & de la puissance publique étoit donc nécessaire pour assurer, autant qu'il est possible, l'observation réciproque des régles de la justice, & préserver ainsi la liberté des attentats journaliers des forces particulières.

La liberté est née de l'établissement de la société civile.

L'indépendance ne se trouve donc sacrifiée qu'à la liberté.

MAIS, dans l'état civil même, la liberté ne sçauroit être parfaite. Créée & conservée sans cesse par la puissance publique, elle demeure nécessairement en butte à quelques atteintes de la part de cette même puissance. En empêchant les particuliers d'anéantir mutuellement leur liberté, par des injustices réciproques, la puissance publique leur fait appréhender aussi, dans les loix, de fausses applications des régles de la justice, & sur-tout dans les décisions particulières de fausses applications des loix.

Il faut se résigner dans l'état civil à voir la liberté nécessairement en butte à quelques atteintes de la part de la puissance publique.

Pour que la liberté fût parfaite dans l'état civil, ou pour que les hommes n'enduraſſent, & ne craigniſſent aucune injuſtice, il faudroit que dans la confection des loix, lors même que les combinaiſons à faire ſeroient les plus compliquées, les conſéquences éloignées comme les conſéquences immédiates des régles primitives de la juſtice ne puſſent ſe dérober à la pourſuite du légiſlateur; il faudroit, ſur-tout, que les miniſtres des loix ne puſſent jamais en fauſſer l'application; il faudroit, en un mot, que tous les dépoſitaires de la puiſſance publique fuſſent des êtres d'une nature ſupérieure à la nature humaine; infaillibles dans leurs vues, incorruptibles dans leurs affections.

Ce n'eſt donc pas l'indépendance ou l'anarchie que la raiſon permet de déſirer, & la raiſon ne permet pas non plus de déſirer ce qu'elle ne permet pas d'eſpérer, une jouiſſance inaltérable de la liberté, c'eſt-à-dire, une exemption entière des atteintes, ou de la crainte de l'injuſtice. La plus deſirable conſtitution eſt donc celle qui, mettant plus d'obſtacle à l'injuſtice, ſoit du côté de la légiſlation, ſoit du côté de l'application des loix, porte au plus haut degré la jouiſſance publique de la liberté.

C'eſt à la lumière de ces principes élémentaires qu'il devient aiſé d'apprécier les différentes formes de gouvernement, & d'évaluer le mérite de chacune, non plus par le nom qui la déſigne, mais par les voies qu'elle ouvre ou qu'elle ferme à l'injuſtice, ſurtout dans la légiſlation & dans l'adminiſtration des loix.

C'est alors que la conſtitution monarchique paroît dans tout ſon jour & fixe irrévocablement la confiance : dans la Monarchie ; un légiſlateur impartial, incapable de donner atteinte à la liberté par aucune injuſtice volontaire, éclairé d'ailleurs par ſes propres lumières, & par celles d'une foule de ſujets, eſt excité par ſon propre intérêt à

Dans la Monarchie, la liberté eſt aſſurée, du côté du légiſlateur, par ſon impartialité.

profiter de toutes ces lumières pour discerner les plus sages loix & pour augmenter ainsi la prospérité d'un état dont tous les avantages lui sont propres & personnels.

<small>Dans la législation économique, le Monarque n'est pas plus à craindre qu'un Souverain collectif.</small>

Dès-lors aussi l'indépendance d'un tel législateur, par rapport à l'établissement des impositions, ne cause plus que la moindre inquiétude qu'on puisse éprouver à ce sujet, parce qu'on apperçoit d'un autre côté que, d'un concours d'autorités dans cette partie, pourroit résulter une sorte de trafic qui tourneroit en surcharge pour le peuple.

<small>Comment la liberté est défendue dans la Monarchie du côté de la puissance de juger.</small>

Quant à la juste application des loix, dans la majeure partie des décisions particulières, de justes motifs la font raisonnablement espérer dans la Monarchie. Cette espérance est sur-tout appuyée sur la dépendance où sont tous les corps de judicature vis-à-vis du Législateur & sur le droit qu'il a de les réformer. Cette espérance est encore appuyée sur la gradation des tribunaux, & sur la préexistence & la notoriété des loix qui réglent les jugemens

[155]

& peuvent contenir les Magistrats, en leur faisant redouter des disparates & des dissonances trop frapantes entre leurs décisions & la décision des loix.

Mais, c'est de ce côté que la liberté périclite toujours davantage ; c'est du côté de l'administration des loix qu'il a toujours été plus difficile d'être prémuni contre l'injustice ; c'est de ce côté que l'injustice a toujours trouvé plus d'accès. La Monarchie, à cet égard, n'est guères plus privilégiée que les autres constitutions, & la crainte y seroit extrême comme le danger, si les Juges n'étoient plus soumis à l'inspection du Législateur, s'ils avoient au contraire le droit d'enchaîner son pouvoir, s'ils le tenoient ainsi lui-même sous leur dépendance.

La liberté seroit anéantie dans la Monarchie, si les Juges étoient indépendans du législateur.

Ici se découvre la véritable nature des choses ; l'obscurité formée par des notions vagues & confuses se dissipe ; l'occasion à de fatales méprises ne subsiste plus ; on distingue aisément ce qui doit allarmer, & ce qui doit rendre la confiance.

La liberté, dans ses relations passives, les seules à considérer quand il s'agit de la mesurer dans les différens gouvernemens, la plus parfaite liberté civile consistant à n'être exposé que le moins possible au risque de souffrir des injustices sur-tout par l'application des loix dans les décisions particulières, il est sensible que la liberté dépend principalement de la force & de la multiplicité des liens qui peuvent empêcher les Juges d'exercer arbitrairement leur redoutable pouvoir ; il est sensible que la liberté décline nécessairement en proportion de l'importance, du crédit & de l'indépendance que les Juges acquèrent par de-là la mesure convenable.

C'est par la puissance de juger & par le ministère des Juges que tout le poids de l'autorité publique se rabat sur chaque citoyen dans toute l'étendue & dans toutes les parties de son existence. Une portion de sa propriété sera seulement endommagée par des erreurs, par des abus même dans la répartition des impositions; mais son existence entière avec toutes ses dépendances peut tomber à tous les momens dans la balance des Juges & céder à l'impression de leurs erreurs, de leurs préjugés & de leurs passions.

Avec combien de raisons M. de Montesquieu l'a surnommé terrible ce pouvoir de juger, qui donne sans cesse à des hommes les occasions & la facilité de substituer leur volonté propre à celle de la loi, qui, dans tous les cas particuliers, est pour chaque justiciable le vrai pouvoir législatif.

Qu'on ne craigne donc pas que jamais en France des corps de judicature veuillent usurper, à titre d'autorité limitative, une partie essentielle du pouvoir législatif, & l'incorporer à la souveraineté dans les jugemens. Le grand publiciste, membre illustre d'un de ces corps, leur a trop bien appris ce qu'il faudroit penser d'un état ainsi constitué. Les

Républiques d'Italie ne different à ſes yeux du Deſpotiſme Aſiatique que par la pluralité des Deſpotes, & le grand trait de reſſemblance entre ces Républiques & le Deſpotiſme Aſiatique, c'eſt la privation de toute ſûreté dans ces Républiques par la réunion de la puiſſance légiſlative & de la puiſſance de juger dans un même corps.

« Il n'y a point de liberté, dit M. de
» Monteſquieu, ſi la puiſſance de juger n'eſt
» pas ſéparée de la puiſſance légiſlative & de
» l'exécutrice ».

« Dans les Républiques d'Italie, où ces
» trois pouvoirs ſont réunis, la liberté ſe
» trouve moins que dans nos Monarchies.
» Auſſi le Gouvernement a-t-il beſoin, pour
» ſe ſoutenir, de moyens auſſi violens que
» le Gouvernement des Turcs; témoins les
» Inquiſiteurs d'état à Veniſe, & le tronc
» où tout délateur peut à tout moment jetter
» avec ſon billet ſon accuſation ».

« Toute la puiſſance étant une dans ces

» Républiques, quoiqu'il n'y ait point de
» pompe extérieure qui découvre un Despote,
» on le sent à chaque instant ».

« Je crois bien, ajoute encore M. de
» Montesquieu, que la pure Aristocratie
» héréditaire des Républiques d'Italie, ne
» répond pas précisément au Despotisme de
» l'Asie. La multitude des Magistrats adoucit
» quelquefois la Magistrature. Tous les
» Nobles ne concourent pas toujours aux
» mêmes desseins. On y forme divers tribu-
» naux qui se temperent. Ainsi à Venise, le
» Conseil a la législation, le Prégadi l'exé-
» cution, les Quaranti le pouvoir de juger;
» mais, le mal est que ces tribuaux différens
» sont formés par des Magistrats du même
» corps, c'est-à-dire, du corps des Nobles; ce
» qui ne fait guères qu'une même puissance ».

Le défaut de loix positives rend infructueuse pour la liberté la dépendance des représentans d'un Despote. L'indépendance
des Juges dans une prétendue Monarchie

rendroit de même infructueuse pour la liberté l'existence des loix positives.

Nulle sûreté & par conséquent nulle liberté, dans les états despotiques, par le défaut de loix positives, antérieures aux décisions particulières. De même nulle sûreté, & par conséquent nulle liberté, dans un état, où la juste application des loix ne sera garantie que par la supposition d'une inaltérable vertu dans les Magistrats.

Que l'impassibilité des loix ait été souvent réputée propre aux compagnies de judicature, aux Juges eux-mêmes; tout ce que cette déclamation a prouvé, c'est que le discours peut aller beaucoup plus loin que la raison & la vraisemblance.

Cette attention pénible, cette préparation laborieuse que demande l'exercice du pouvoir de juger, se perdroient bientôt dans une distance énorme, dans une disproportion totale entre les justiciables & des Juges qui seroient parties intégrantes du Souverain.

La

La conduite des Magistrats dans une condition moyenne, ne sçauroit répondre de leur conduite dans une élévation démesurée.

Quel seroit le terme à des abus qui ne pourroient être réformés par le Législateur, que du consentement des intéressés à la prolongation de ces abus? Les réformer, ne seroit-ce pas en supposer, en constater l'existence? L'honneur ne permettroit donc pas de consentir à cette réforme.

En même-tems, les abus, qui ne se produisent pas, parce qu'ils peuvent être réprimés & corrigés, pulluleroient à l'infini, lorsqu'ils ne pourroient plus être ni corrigés ni réprimés.

Pour que la liberté du citoyen, dans la Monarchie, soit aussi parfaite qu'elle peut l'être, il ne suffit même pas que les Juges soient à l'égard du Législateur dans une dépendance absolue. La liberté du citoyen, dit M. de Montesquieu, consiste dans la sûreté

Dans la Monarchie, la liberté seroit mieux défendue du côté de la puissance de juger si tous les jugemens étoient sommairement motivés.

Tom. I. L

ou dans l'opinion qu'on a de sa sûreté. On jouira donc de la plus grande liberté dans l'état où l'on aura le plus de raison de se croire en sûreté de sa personne & de ses biens. On jouira de la plus grande liberté, lorsque la confiance dans les Juges, protecteurs de l'innocence & gardiens de la propriété de chacun, sera la mieux fondée. « Aussi, dit
» M. de Montesquieu, les connoissances sur
» les régles les plus sûres que l'on puisse
» tenir dans les jugemens criminels & civils,
» intéressent le genre humain plus qu'aucune
» chose qu'il y ait au monde ». Les connoissances sur ces régles sont aujourd'hui très-étendues. Mais, cela donne seulement un commencement de certitude morale, que, dans la pratique, ces régles sont suivies & continueront d'être suivies. Cette certitude qui fait la liberté, seroit beaucoup augmentée, si tous les jugemens, même les arrêts de cassation étoient sommairement motivés.

La pratique de motiver les

POUR qu'une telle pratique ne fût pas

d'un devoir rigoureux, il faudroit qu'elle fût impossible.

<small>Jugemens est par elle-même un devoir.</small>

Par une suite de l'intelligence dont l'homme est doué, son auteur même, ou la raison primitive est seul, d'une manière obsolue, & son maître & son guide. Son semblable n'a jamais droit à son obéissance, si ce n'est en qualité de représentant de la raison primitive, soit représentant immédiat, tel que le Souverain, soit représentant médiat, tel que les Juges & les autres substituts du Souverain. L'homme qui commande à l'homme, au nom de la raison primitive, doit donc employer le langage le plus intelligible & le plus capable de prouver qu'il ne trahit point son ministère. Le Juge, quand il le peut, doit donc exprimer le motif de sa décision, comme le Législateur expose les motifs de ses dispositions.

Ce n'est pas un autre citoyen, ce n'est pas même le Souverain, c'est la loi qui doit immoler & flétrir un citoyen coupable ; pourquoi donc dans toute condamnation correctionelle, infamante ou capitale, n'indiqueroit-elle pas la nature du délit, le genre de conviction & l'article de la loi par laquelle la peine auroit été prononcée, ou la jurisprudence qui, tacitement autorisée, auroit constament décerné cette peine ?

Chaque jugement en matière civile est la conséquence d'un principe de droit ou d'une loi formelle. Pourquoi donc ce principe ou cette loi ne seroient-ils pas accolés à leur conséquence ? Pourquoi faut-il que dans chaque affaire journalière on ne puisse citer les jugemens antérieurs sans se donner à discuter de nouvelles questions insolubles, celles de sçavoir ce qu'en point de droit ces jugemens antérieurs ont arrêté ?

Il ne doit pas être impossible de motiver les jugemens civils. Avantages de cette pratique.

PRÉTENDRE que ce seroit un grand effort pour les Juges d'exprimer briévement les motifs qui les déterminent, ce seroit blasphémer l'esprit humain. Plus cependant une telle pratique feroit exercée, plus elle deviendroit familière & facile, & fes effets falutaires iroient toujours en croiffant. Rien ne feroit plus capable de contenir les Juges; rien ne feroit auffi plus propre à les inftruire. L'ufage étant le meilleur interprete des loix, le recueil des principes que les Juges auroient pris pour bafe de leurs décifions dans chaque affaire particulière, feroit jaillir la lumière de tous les côtés. Elle fe répandroit fur toutes les parties de notre droit civil, elle fe communiqueroit aux Juges, aux défenfeurs des citoyens, aux citoyens eux-mêmes; on les engageroit moins dans les procès; ils s'y laifferoient auffi moins engager, & purgés de la ténébreufe difcuffion des affaires jugées précédemment, les plaidoyers feroient infiniment plus courts & plus clairs. La décifion des queftions nouvelles feroit encore préparée & rendue plus facile. Enfin, chaque nouvelle décifion feroit un nouveau flambeau qui s'allumeroit une fois, pour luire sans cesse & ne s'éteindre jamais.

Il est d'un devoir indispensable de motiver les jugemens criminels.

CES derniers traits frappent singulièrement sur les jugemens civils. Mais, il faut regarder comme un des principes fondamentaux du droit public, qu'aucun Juge, en dernier ressort, ne doit être dispensé de faire entendre au public comment sa décision en matière criminelle, est la décision des loix. Autrement, sans aucune nécessité, la sûreté du citoyen & l'opinion de sa sûreté, ou sa liberté, seroient excessivement compromises, & la raison défend impérieusement & foudroye de ses anathêmes toute anticipation sur la liberté de l'homme, ou sa sûreté & l'opinion qu'il doit avoir de sa sûreté, quand cette anticipation n'est pas commandée par la nécessité, quand elle n'a pas pour cause la sûreté même de l'homme & sa liberté.

Les condamnations à mort, naturelle ou même civile, doivent être l'expres-

CE principe conduit à la découverte d'une autre régle pareillement dictée par le Législateur universel & suprême, la raison. Cette régle-ci fait auſſi partie des fondemens de la liberté. Elle ne veut pas que la mort naturelle, & même la mort civile puiſſent être compriſes dans le nombre des peines laiſſées à l'arbitrage des Juges, & c'eſt là ſans doute une régle fondamentale, puiſque l'uſage contraire à cette régle eſt une participation du Deſpotiſme; puiſqu'en dernière analyſe, le Deſpotiſme eſt l'extenſion du reſſort ou diſtrict naturel du pouvoir arbitraire, qui, ſelon la raiſon, pour être applicable aux grands objets, doit être ſtrictement renfermé dans les bornes de la néceſſité. En cas de délit, dont le Légiſlateur n'aura pas voulu donner l'idée, ou qu'il n'aura pas prévu, que les Juges le ſollicitent d'y pourvoir pour l'avenir; que, dans cet inſtant, un coupable iſolé ſoit puni moins rigidement peut-être qu'il ne l'aura mérité; mais que les Juges ne décident jamais, par leur volonté momentanée, quand il s'agit des peines les plus graves. Qu'alors, en un mot, ils ne ſoient pas la loi même,

ſion d'une loi formelle.

L 4

à l'exemple d'un Despote & de ses suppots.

<small>Récapitulation de ce qui a suivi la première récapitulation, & annonce de ce qui doit suivre.</small>

Il est à propos de s'arrêter en cet endroit, & d'observer comment l'espace déja parcouru s'alligne vers le but auquel il doit conduire.

D'abord, tous ces noms, *Monarchie*, *Aristocratie*, *Démocratie*, *Gouvernement mixte*, *Despotisme*, & sur-tout le mot *liberté*, se trouvent rigidement définis, comme l'avoient été précédemment, les mots, *loi*, *pouvoir législatif*, *loix constitutives*, *loix fondamentales*; dès-lors, tous les termes spécialement affectés à la matière dont dépend le sujet de ce discours, y rappelleront toujours une idée nette & déterminée. Ensuite, les loix constitutives, qui distinguent les différens gouvernemens, ayant été successivement retracées, & la nature particulière de chaque gouvernement étant ainsi décomposée, on la pénètre au fond; on en voit germer toutes les conséquences; ce qui dans la suite fera saisir au premier coup-d'œil le tableau de leurs avantages & de leurs inconvéniens respectifs. On discerne aussi parfaitement le Despotisme, & dès-lors on le juge indigne d'entrer en parallele avec aucune autre constitution. On reconnoît, en même tems, entre le Despotisme & la Monarchie une différence absolue, une opposition formelle & directe, & cette double observation se combinant avec la notion exacte & précise de la liberté dont l'homme est susceptible, acquiert un nouveau degré de certitude. En considérant encore dans l'ordre social les ressources qu'il ménage & les obstacles qu'il oppose à la liberté, chacun a pu se convaincre que, dans les relations civiles, qui sont les plus multipliées & les plus importantes, la liberté suit nécessairement le cours de la justice distributive, & par conséquent on va reconnoître facilement, qu'à cet égard, la constitution monarchique le dispute à la constitution mixte, qu'elle l'emporte sur la démocratique, où le peuple assemblé doit prononcer en matière de crime d'état, & qu'elle l'emporte bien plus encore sur l'Aristocratie, où pour la stabilité du Gouvernement les Juges doivent tous être pris dans l'ordre des citoyens dont le Souverain est composé.

Enfin, pour apprécier sur tous les points le mérite respectif des différentes constitutions, ce n'est pas assez d'y considérer attentivement l'exercice de la puissance de juger, il faut y considérer en même tems l'exercice du pouvoir législatif, l'exercice du pouvoir exécutif qui s'applique aux relations externes de l'état, l'exercice même de la puissance publique par les Administrateurs subalternes, ou les Substituts du Souverain autres que les Juges. L'exacte notion de la liberté répandra le plus grand jour sur tous ces points lorsqu'il s'en agira, c'est-à-dire, après la démolition d'un système accrédité qui porte tout entier sur la plus fausse idée qu'on puisse prendre de la liberté, & qui, par une conséquence de cette idée, attribue à la Démocratie une excellence & des avantages tout-à-fait illusoires.

Les représentans d'une grande nation qu'on a vu récemment abjurer sa patrie originelle, ont arboré comme un axiome éblouissant, la proposition suivante : Un peuple libre est celui qui ne reçoit ses loix que de lui-même. Si cette proposition n'a jamais été canonisée par un suffrage plus imposant, il est toujours vrai qu'un fameux Auteur moderne l'avoit précédemment enchâssée dans un cercle de paradoxes intitulé : Contrat social ou Principes du Droit Politique. Le tout se dissout & s'évapore au premier réveil de l'attention. On reconnoît bientôt, à l'exemple de M. de Montesquieu, qu'il ne faut pas confondre le pouvoir du peuple avec la liberté du peuple. On reconnoît bientôt que les Républicains même dans une Démocratie n'ont pas été plus autorisés que ne le sont les membres

Analyse d'un écrit qui contient un système contraire à l'idée ci-dessus, attachée au mot, liberté.

d'une vraie Monarchie à s'arroger le titre de peuple libre.

Voici la substance de l'écrit dont le titre vient d'être indiqué.

<small>Principes fondamentaux du système combattu.</small>

La force, dit-on d'abord, ne peut jamais se métamorphoser en droit. Ainsi la conquête ne peut donner un droit inviolable & constant sur l'obéissance d'un peuple conquis.

En second lieu, la liberté de l'homme est déclarée absolument inaliénable, & les conséquences tirées de cette assertion, prouvent qu'elle est lancée dans toute sa généralité pour ne souffrir aucune restriction. Un peuple, est-il ajouté, n'étant qu'un assemblage d'hommes, ne peut de même aliéner sa liberté; qu'il se choisisse un seul chef ou plusieurs, ce n'est pas la souveraineté qu'il transfere, c'est l'exercice de l'autorité souveraine qu'il confie. L'exercice de cette autorité n'est point alors un droit irrévocablement conféré par un contrat; c'est une simple commission sujette à révocation, & semblable

[173]

à celle que les Romains donnnoient à leurs Confuls, à leurs Préteurs, à tous leurs Magiftrats. Un peuple, en un mot, fuivant le même écrit, ne peut fe donner pour Souverain une feule perfonne, ou plufieurs perfonnes particulières, & quant à la force qui le foumet à de tels Souverains, elle le contraint, fans l'obliger.

Cependant l'Auteur de ces affertions s'étoit propofé de découvrir une forme d'adminiftration civile qui fût légitime & sûre, & l'homme demeurant indépendant, la société civile ne pouvoit évidemment fubfifter. Cet Auteur a conclu delà que l'affociation civile, pour avoir une forme légitime & sûre, devoit accorder la liberté de l'homme avec fa dépendance. La difficulté d'effectuer un tel accord n'a point été déguifée, elle a même été naïvement énoncée en ces termes : « Trouver une
» forme d'affociation qui défende & protége
» de toute la force commune la perfonne &
» les biens de chaque affocié, & par laquelle

Problême réfultant des principes de l'Auteur.

" chacun, en s'unissant à tous, n'obéisse
" pourtant qu'à lui-même, & reste aussi
" libre qu'auparavant ".

<small>Solution du problème selon l'Auteur de ce problème.</small>

MAIS, lorsqu'il avoit été soutenu qu'un peuple ne peut se donner à lui-même, ni recevoir pour Souverain par quelque voie que ce soit une seule personne ou plusieurs personnes particulières; il restoit seulement pour la solution du problème annoncé, que chaque peuple fût à lui-même son propre Souverain. C'est aussi toute la solution qu'a reçue le problème le plus idéal. Elle est ainsi développée & colorée.

Lorsque la puissance législative réside dans un corps de peuple, ce peuple, nous dit-on, est à lui-même son propre Souverain.

En dernière analyse, a-t-on ajouté, la souveraineté n'est que la puissance législative. Tous les autres pouvoirs dont l'existence est nécessaire à la conservation du corps politique ne sont pas des portions, mais des émanations de la souveraineté. Par conséquent, un peuple demeure son propre Souverain tant qu'il exerce la puissance législative par lui-même, & non par des représentans. Il demeure son propre Souverain, quoiqu'il ait remis la puissance exécutrice entre les mains d'une seule personne ou de plusieurs, pourvu que ce soit à titre de dépôt, & non pas à titre de cession définitive & sans retour. En un mot, dans ce système, les Administrateurs de la puissance exécutrice ne peuvent en devenir les propriétaires, & jamais le corps du peuple, formant le Souverain, ne peut renoncer à la faculté de les révoquer & destituer à volonté. Renoncer à cette faculté seroit se dépouiller de la souveraineté, & par conséquent aliéner sa liberté, & par conséquent encore passer un acte radicalement nul.

Comment la puissance législative est-elle exercée par un corps de peuple ? c'est, répond-on, la volonté générale qui l'exerce. " Sur tout ce qui tient à la législation, tout » le peuple délibère, & c'est la pluralité des

» voix qui décide. La volonté générale,
» est-il dit en termes exprès, n'est pas tou-
» jours unanime ; & cette unanimité n'est
» pas toujours nécessaire. Il faut seulement
» que toutes les voix soient comptées, toute
» exclusion formelle rompt la généralité ».

Après ces premiers jets, il étoit principalement essentiel de faire appercevoir, comment
l'inaliénable liberté de l'homme s'accorde
avec sa dépendance ; quand la puissance législative est réellement exercée dans un état
par le corps du peuple. Comment alors
l'homme obéit-il à ses propres loix, à lui-
même ? Comment alors, après l'établissement
de la société civile, reste-t-il aussi libre
qu'auparavant ? Sur ce point capital, l'assertion a tenu lieu de preuve ; quoiqu'il soit
vrai que différentes idées tout-à-fait nouvelles,
pures productions de l'imagination, ont été
distribuées dans le cours du même écrit,
comme pour étayer l'assertion fondamentale,
qu'elles ne peuvent empêcher de s'affaisser

sur

[177]

fur elle-même avec tous fes étais vains & poftiches.

CES inventions auxiliaires, qu'il faudra fonder à leur tour, font, d'abord, une définition tout-à-fait neuve du mot loi ; puis, un vocabulaire tellement particulier que les mots, Gouvernement, Monarchie, Démocratie, Ariftocratie, font abfolument détournés de l'acception commune ; enfuite, une interprétation fingulière de la nature de l'acte par lequel un Gouvernement peut être inftitué, pour adminiftrer feulement la puiffance exécutive. Enfin, la variété des formes fous lefquelles la volonté générale d'un corps de peuple eft préfentée, volonté générale qui paroît tantôt devoir fe manifefter au-dehors par des fignes extérieurs, & tantôt devoir être purement intelligible.

Quatre différens étais deftinés à foutenir le fyftême à réfuter.

CROYANT avoir dévoilé la nature & les conditions effentielles de l'affociation civile, le même Auteur veut démêler la nature de l'acte par lequel elle exifte. Quel eft l'acte,

Comment fe forme, felon le même écrit, l'engagement qui lie à la fociété chaque affocié.

Tom. I. M

demande-t-il, par lequel un peuple eſt un peuple ? La ſociété civile, répond-il à l'inſtant, étant l'union des forces & des volontés particulières, dirigées par le corps du peuple formant le Souverain, elle ſuppoſe évidemment l'engagement réciproque du public avec les particuliers, & des particuliers avec le public. Ainſi, chaque aſſocié, dès le moment que la ſociété civile eſt formée, ſe trouve engagé ſous un double rapport, ſçavoir comme particulier ou ſujet envers le Souverain, &, comme membre du Souverain, envers les particuliers. Ce double engagement dont eſt chargé dans la ſociété civile, chaque individu, ce n'eſt pas la nature qui l'impoſe, ce n'eſt pas la violence qui peut valablement l'impoſer, reſte donc qu'il ſoit contracté volontairement, qu'il ſoit conſenti librement. En un mot, le conſentement mutuel des aſſociés eſt le principe & le lien de l'aſſociation civile. Mais ce conſentement, a-t-on ajouté, peut être exprès ou tacite.

Dès que la société civile existe, selon la description ci-devant faite de sa nature, le consentement mutuel des associés se doit supposer, ou plutôt par cela seul, il est suffisamment constaté. La résidence est la déclaration de ce consentement. Habiter le territoire, c'est se soumettre à la souveraineté. Il est donc indifférent, conclut-on, que le contrat social ait été rédigé par écrit, ou ne l'ait pas été. Ce contrat existe, dès qu'il est observé. S'il n'est pas tout ce qu'il doit être, il est nul, il n'est même pas, & l'association est illégitime.

Ç'eût été se permettre un grand écart que de donner ici plus d'étendue à l'analyse du livre intitulé Contrat social. Les différentes pièces destinées à former un corps de système, étoient éparses dans ce livre; l'analyse les a rapprochées, & fait voir, pour ainsi dire, la machine toute montée. Le reste du livre étant de moindre importance, & ne pouvant venir à l'appui de la partie systématique, est encore étranger à la question qui fait l'objet de ce discours.

<small>Contre le système analysé, proposition à démontrer dans la dernière partie de ce discours.</small>

En opposition à cette partie systématique, il sera démontré dans la dernière partie de ce discours, qu'une forme d'administration légitime, par quelque voie qu'elle se soit établie, impose à tous les membres de l'état, soit prince, soit peuple, l'obligation de la respecter, & de se garder d'y porter aucune atteinte, indépendamment de tout contrat & de toute convention.

<small>Contre le système analysé, proposition à démontrer incontinent.</small>

Il va de plus être démontré, sur le champ, que la constitution, faussement décorée du privilége de concilier parfaitement la dépendance & la liberté de l'homme, loin d'être la seule qui puisse passer pour légitime, ne pourroit même prétendre à ce titre s'il falloit qu'elle le méritât aux conditions prescrites, ou requises, par l'inventeur du système à réfuter.

<small>Chaque citoyen ne fait pas toujours</small>

Non, chaque citoyen ne fait pas toujours partie du Souverain & n'obéit pas toujours à ses propres loix, à lui-même, dans un état où la puissance législative est exercée par le corps du peuple. Le corps du peuple alors renferme seulement & n'est pas lui-même son souverain. C'est ainsi qu'un bloc de marbre informe & grossier n'est aucune des statues qu'il renferme, & qui ne sortent du sein de ce bloc que, lorsqu'avec précision, le cizeau, conduit par une main habile, en a séparé tout ce qui leur étoit étranger.

partie du Souverain, quand la puissance législative est exercée par le peuple.

Quel est le véritable Souverain dans un état où la puissance législative est exercée par le peuple en corps, ou même par plusieurs personnes? C'est la pluralité des suffrages. « Un peuple, comme l'a déjà dit M. de » Montesquieu, ne peut être Monarque que » par ses suffrages qui sont ses volontés; la » volonté du Souverain est le Souverain lui- » même ».

Vous ne faites donc partie du Souverain aristocratique ou populaire, que dans les occasions où vous faites partie de la volonté du Souverain ; dans les occasions où votre suffrage concourt à former le plus grand nombre des suffrages. Toutes les fois que vos sentimens, vos opinions sont contraires au vœu de la pluralité, vous êtes séparé du Souverain, vous êtes soumis à des loix que vous ne vous êtes point imposées, que vous réprouvez ; en un mot, vous n'obéissez point à vous-même, mais à vos concitoyens. L'exercice de la souveraineté par le corps du peuple, ne sçauroit donc accorder la dépendance de l'homme avec sa liberté prétendue inaliénable. Le système interprétatif du contrat social n'est donc appuyé sur aucun fondement réel.

Que faudroit-il pour que tout citoyen dans l'état populaire dût nécessairement faire partie du Souverain ? Il faudroit que toutes les décisions passassent, & dussent passer à l'unanimité des suffrages. Or, on n'a jamais mis, comme on ne mettra jamais en supposition une perpétuelle unanimité de suffrages éclairés & réfléchis. On n'a pas pu non plus en faire une condition de l'association civile. Il a même été formellement reconnu que cette unanimité n'étoit pas toujours nécessaire.

Le peuple ayant donc la souveraine puissance, il seroit nécessaire que chaque citoyen coopérât à l'établissement des loix ; chaque citoyen pourroit seulement espérer qu'en ce sens, il seroit libre quelquefois, en courant risque de ne l'être pas.

Mais, celui qui regarde la liberté comme la coopération à l'établissement des loix, & comme rigidement inaliénable, peut-il ainsi se réduire à l'espérance incertaine d'une liberté partielle ? On n'a pas droit de hazarder ce dont on n'a pas droit de disposer. Voilà pourquoi dans le droit civil, qui ne peut aliéner sa propre chose, ne la peut hypothéquer.

Quand le peuple en corps aura la souveraine puissance, tous, il est vrai, participeront à la délibération, tous auront la faculté d'opiner, & de débattre les opinions les uns des autres. Eh bien! toutes les fois que les suffrages ne seront point unanimes, tous ceux qui ne participeront pas à la décision, ou qui s'y rangeront contre leur gré, non-seulement plieront & fléchiront sous la volonté d'autrui, mais auront encore par surcroît le déplaisir d'avoir fait une tentative inutile & des efforts impuissans que l'événement aura confondus. Quoi donc, ceux qui n'ont droit d'opposer aucune résistance aux loix qui leur sont prescrites dans l'état social, sont réputés déchus de la liberté; & ceux-là seront censés la conserver, dont la résistance aux loix qu'ils seront forcés de subir, sera demeurée vaine & sans effet!

Objection en faveur du système combattu.

CEPENDANT, tout l'ensemble de l'écrit mis en litige, ne fait-il pas naître un raisonnement capable de rasseoir & de raffermir la partie systématique de cet écrit? Le peuple étant législateur, n'est-ce pas en conséquence d'une convention expresse ou tacite que la pluralité des voix décide, au défaut de l'unanimité, sur laquelle il n'est pas permis de compter & dont on ne peut en conséquence faire dépendre l'établissement de toutes les loix ? Cette convention, quoique tacite, n'est-elle pas, de la part de chaque citoyen, un acte de sa volonté ? Cette convention, pour mieux dire, n'est-elle pas de la part de chaque citoyen, une volonté générale, par laquelle il a voulu d'avance tout ce que voudroit à l'avenir la pluralité des citoyens? Les volontés particulières de chacun sont donc en contradiction avec sa première volonté générale, dès qu'elles ne se rapportent pas au vœu de la pluralité. Tout citoyen donc, en exécutant tout ce que la pluralité décide contre son sentiment & sa volonté particulière, n'obéit encore qu'à sa première volonté générale; il n'obéit donc jamais qu'à lui-même, & tous par conséquent sont également libres.

S'IL est permis de disposer, par une première volonté générale, de toutes ses volontés

Réfutation de l'objection alléguée en faveur du sys-

[186]

<small>tême combattu.</small> futures, & d'adopter par avance le vœu de la pluralité des citoyens, pour toute espèce de cas, où l'on aura des vues & des intentions diamétralement opposées ; si pour lors, une convention antérieure étant supposée, on obéit toujours à sa propre volonté, si conséquemment on est libre ; on obéit aussi toujours à sa propre volonté, & par conséquent on est libre dans les constitutions aristocratique & monarchique, & même sous le despotisme. Ces constitutions peuvent être également regardées comme ayant pour base une première convention, soit expresse, soit tacite, & constatée par l'existence de l'une ou de l'autre de ces constitutions. Pour lors, on dira de même que, par la convention primitive, & par une volonté générale, chaque citoyen a, par avance, adopté toutes les volontés instantanées du despote & de ses représentans, ou toutes les loix du Monarque, ou celles du corps aristocratique. Lorsqu'ensuite on soutiendra que les constitutions

aristocratique, monarchique & mixte ont pu valablement être l'objet d'une convention, on ne dira rien que de naturel, ce sera dire seulement que l'homme a droit de hazarder, en partie, sa liberté, pour en sauver ce qu'il peut, comme on ne nie pas qu'il a droit de risquer sa vie pour la conserver. Mais, ce langage est interdit à celui qui défend à l'homme de porter le joug d'aucune loi qu'il ne s'est pas lui-même imposé, à celui qui ne justifieroit ainsi la constitution par lui préconisée, qu'en justifiant également toutes celles qu'il proscrit & veut exclure, à celui qui, parlant de la sorte, tomberoit nécessairement dans un cercle vicieux. Il auroit lui-même reconnu, comme il le devoit, que l'objet d'une convention, pour qu'elle ait quelque force & quelque vertu, doit être légitime de sa nature. Cependant, il nous peindroit la constitution de son choix, comme validée par une convention, & cette convention comme légitime & valide, par rapport à la légitimité de la conſtitution qu'elle auroit légitimée. La convention feroit valable, par le mérite de ſon objet, & le mérite de l'objet feroit le fruit de la convention. L'effet, en un mot, produiroit la cauſe par laquelle cet effet feroit produit.

<small>Un paſſage du même écrit ſe tourne contre le ſyſtême qu'il devoit juſtifier.</small>

Un paſſage particulier du même écrit, auroit-il été deſtiné, plus décidément, à ſervir de rempart à ces conſtitution & convention, réduites à devenir légitimes l'une par l'autre ? Ce paſſage retombe encore ſur le ſyſtême qu'il devroit ſoutenir, &, de nouveau, le fait juger atteint d'une incohérence abſolue, par l'aveu tacite & non moins direct du riſque que l'homme court de perdre ſa liberté dans l'état populaire, en obéiſſant à des loix que les uns auront fait paſſer contre le ſentiment des autres.

« Dans la forme d'aſſociation indiquée,
» il n'eſt aucun aſſocié, nous dit-on, ſur
» lequel on n'acquiert le même droit qu'on

« lui céde fur foi. Par conféquent, on gagne
« l'équivalent de ce qu'on perd ».

Voilà donc un échange ; mais un échange eft une aliénation. Il n'eft pas permis d'échanger ce qu'on n'a pas droit d'aliéner.

Sur quoi cet échange roule-t-il ? qu'y doit-on perdre ? qu'y doit-on gagner ? Que tous les membres d'un état populaire fe foient engagés par une convention expreffe ou tacite à demeurer foumis au Souverain qui fera formé par la pluralité des fuffrages, après que toutes les voix auront été comptées. Voilà d'abord le droit de fuffrage commun à tous ; fans contredit à cet égard, tous font égaux, & jufques là nulle différence n'eft à remarquer entre eux. Lorfqu'auffi toutes les opinions feront uniformes, lorfqu'en conféquence tous feront également partie du Souverain, on n'appercevra de même entre eux aucune différence, relativement à cette liberté, qui confifteroit à ne reconnoître que des loix émanées de fa propre volonté ; on n'appercevra pas encore quels droits les citoyens auroient mutuellement acquis ou cédés. Cela s'éclaircit donc seulement, quand on considère la fréquente contrariété des opinions humaines, & l'effet que cette contrariété devroit produire d'après une convention mutuelle qui soumettroit tous les membres d'un état à la pluralité de leurs propres suffrages. C'est alors que des citoyens, sans cesser d'être sujets, formeront le Souverain, parce que leurs suffrages, par leur concert & par l'avantage du nombre, formeront la volonté du Souverain. En même-tems, d'autres citoyens seront réduits à la simple qualité de sujets, parce que leurs suffrages seront comme s'ils n'étoient pas, tandis qu'ils ne seront pas dispensés de l'observation des loix qu'ils auront vainement repoussées. On voit enfin alors, par l'effet du contrat primitif, un droit acquis, un droit cédé; le gain d'un côté & la perte de l'autre.

Et si la constitution populaire vous offre,

pour consolation de l'avantage que vos concitoyens prendront sur vous dans l'établissement des loix, l'espoir d'un pareil avantage que vous prendrez sur eux à votre tour, il est donc avoué qu'on nous a bercé d'une espérance illusoire, en nous promettant une forme d'administration qui, réellement & de fait, conserveroit à chacun de nous, au sein de la société, sa liberté toute entière, cette liberté du moins qui consisteroit à n'obéir qu'à ses propres loix. Il est avoué que cette espece même de liberté sera toujours nécessairement morcelée. Tous les efforts, pour nous la conserver, n'ont abouti qu'à nous la faire perdre à tous dans une égale proportion.

Comment donc encore dans une égale proportion? L'échange prétendu sera toujours suivi de la lésion la plus énorme; l'égalité de perte & de gain sera toujours vainement attendue, tandis que, par mille moyens, les uns pourront avoir infiniment plus d'influence que les autres dans les délibérations publiques, tandis que l'Auteur de la nature ne réformera pas, sur un nouveau plan, la répartition de ses dons entre les hommes, tandis qu'il ne s'asservira point à les leur mesurer avec une égalité scrupuleuse, tandis qu'il ne disposera pas les événemens de manière à ménager à tous les hommes un égal développement des facultés dont il n'aura pas plus enrichi les uns que les autres.

S'il étoit même permis de supposer que, dans une constitution populaire, il ne s'établira pas plus de loix contraires au vœu de ceux-ci que de ceux-là, & qu'en conséquence chacun entamera la liberté de ses consorts précisément autant qu'ils entameront la sienne, quel mérite attacheroit à la constitution populaire cette égalité de gain & de perte ? Que sera-ce qu'un tel gain, & comment sera-t-il l'équivalent de la perte ? Elle tombera sur un objet qu'il n'aura pas été permis d'exposer au risque d'en souffrir aucune. L'autorité
que

que vous exercerez en un point sur vos concitoyens, ne fera pas disparoître celle qu'ils auront exercée sur vous en d'autres points; faire une bréche à la liberté d'autrui, n'est pas relever & réparer celle faite à sa propre liberté. Comment enfin peut-on se rabattre à dédommager de la perte d'une liberté qu'on soutient ne pouvoir être aliénée, même volontairement, même en partie ? Comment se réduit-on à des offres de dédommagement quand on rejette toutes les autres formes d'administration qui ne garantissent pas d'une semblable perte, & n'ont que la ressource d'en dédommager ? Comment se réduit-on à dédommager l'homme de la nécessité d'obéir à la volonté d'autrui, quand on veut distinguer son système politique de tous les autres par l'avantage qu'on lui prête de maintenir l'homme dans un entier & parfait usage du droit d'obéir qu'à lui-même, ou de n'être soumis qu'à des loix qu'il se soit lui-même imposées ? Après nous avoir promis enfin de nous faire contracter société, de manière que nous aurions tous une certitude égale de conserver notre liberté, c'est-à-dire, de participer également & constamment à la souveraineté ; croit-on effectuer cette promesse, en nous faisant contracter société, de manière que nous soyons tous dans une égale incertitude si nous participerons à la souverainté, c'est-à-dire, si nous conserverons notre liberté ?

La convention par laquelle tous les membres d'un état auront reconnu la pluralité des suffrages comme Souverain, peut sans doute être envisagée comme un contrat aléatoire. Il semble aussi qu'il n'aura pas été possible de prévoir, au moment du contrat, qui, plus souvent dans la suite, feroit partie du Souverain ; qui plus souvent en feroit exclus ; &. l'incertitude, à cet égard, aura semblé rendre égale, au moment du contrat, la condition des contractans. Cette incertitude n'empêchera pas cependant que, par l'événement, les uns & les autres n'éprouvent une perte inégale, & par conséquent de la lésion. Cette incertitude pourroit seulement empêcher que la lésion ne nuisît à la validité du contrat, parce que, dans une pareille incertitude, la lésion elle-même est un des objets de la convention, comme il arrive dans les ventes de droits successifs non liquidés & dans les autres contrats aléatoires. Mais, pour qu'un contrat soit valable, il ne suffit pas que la lésion qu'il produit ait été suspendue entre toutes les parties au moment de la formation du contrat, il ne suffit pas qu'à raison de cette incertitude, la lésion ait été mutuellement consentie, il faut encore qu'elle ait été de nature à pouvoir être valablement consentie. Et comment pourroit-on consentir valablement à des lésions, à des pertes inégales sur le droit de faire partie du Souverain dont on subit les loix, puisqu'on ne peut pas même valablement consentir à souffrir, sur un tel droit, des pertes qui soient égales entre tous les associés, puisqu'on ne peut disposer de ce même droit, puisqu'il est donné pour inaliénable ?

Non, certes, on ne déroge pas à la raison, dans le droit civil, ou, tout acte absolument prescrit au public par une loi, n'est susceptible d'être attaché par aucune disposition à des conditions, qui le rendroient, ou possible contre la prohibition absolue, ou casuel malgré l'ordre absolu. Ainsi, dans le droit Romain, un pere qui dispose par testament, doit instituer formellement héritier, ou déshériter formellement chacun de ses enfans ; est-ce donc à tort qu'on en a conclu qu'il ne peut faire dépendre leur institution d'une condition casuelle ?

Que deux personnes aussi d'un âge égal, & d'une égale vigueur de tempérament, aient en propriété chacun un immeuble ; que ces deux immeubles soient encore d'une valeur égale, & que les propriétaires, tous deux dans les liens de l'interdiction, conviennent ensemble que le survivant d'entre eux aura la propriété de l'immeuble du prédécédé, sera-ce à tort qu'un semblable contrat sera déclaré nul, d'après la maxime, il n'est pas de plus grand défaut que le défaut de puissance ? La condition de ces deux contractans ayant été tout-à-fait égale au moment du contrat, cette égalité pourra-t-elle faire oublier l'impuissance de droit dans laquelle ils auront été de faire par eux-mêmes aucune aliénation ?

Lors donc qu'on a dit à l'homme : « tu ne peux aliéner la liberté, c'est-à-dire, le droit de faire partie du Souverain dont tu subis les loix », on ne peut plus soi-même enseigner que les hommes s'obligeroient valablement par un contrat social, qui ne rendroit égale la condition des contractans, qu'en faisant dépendre d'un événement incertain la jouissance du droit même appellé liberté.

Conséquence de cette discussion, l'incohérence du système attaqué.

C'est ainsi qu'à travers les ruines on parvient aux derniers remparts d'un système

Etais particuliers du système à réfuter.

dont les élémens s'entre-détruisent ; c'est ainsi qu'on arrive,

Aux innovations dans l'acception des mots,

Aux définitions qui bouleversent les notions communes & naturelles,

Enfin, aux métamorphoses de la volonté générale proclamée seul Souverain légitime de chaque état.

L'excuse de la discussion pénible & fastidieuses, où ces étranges formes de raisonnement vont forcer de se plonger, est dans ce passage de l'Esprit des Loix. « Je supplie
» le lecteur de me pardonner l'ennui mortel
» que tant de citations doivent lui donner;
» je serois plus court, si je ne trouvois
» toujours devant moi le livre de l'établis-
» sement de la Monarchie Françoise dans les
» Gaules de M. l'Abbé Dubos. Rien ne
» recule plus le progrès des connoissances
» qu'un mauvais ouvrage d'un Auteur cé-
» lèbre, parce qu'avant d'instruire, il faut
» commencer par détromper ».

On seroit un moment tenté de croire, en lisant l'ouvrage intitulé, du Contrat social, que l'Aristocratie & la Monarchie y sont agréées pour constitutions légitimes, aussi bien que la Démocratie. Mais, ces mêmes noms, & le mot gouvernement, se prennent alors dans un sens directement contraire à l'acception introduite par l'usage, puisqu'ils désignent la seule détention au nom du Souverain, ou le seul exercice perpétuellement recevable du seul pouvoir exécutif.

<small>Les innovations faites par l'Auteur dans l'acception des mots ne servent point au soutien de de son systême.</small>

Ainsi, l'Auteur exige que le pouvoir législatif soit seul appellé pouvoir souverain, & que le corps du peuple soit appellé le souverain, parce qu'il doit toujours exercer ce pouvoir législatif.

Cet Auteur veut ensuite qu'on appelle gouvernement le pouvoir exécutif, & qu'on nomme ou Magistrat ou Prince, soit la personne unique, soit le corps des nobles, soit le corps du peuple par qui ce pouvoir est exercé.

Le Peuple ou le Souverain peut, selon l'Auteur, se revêtir de ce pouvoir exécutif, le quitter, le reprendre, & s'en démettre encore, & varier à cet égard autant qu'il lui semble bon.

Et comme l'exercice de ce pouvoir exécutif constitue le Gouvernement; lorsque ce pouvoir est exercé par le corps du peuple, le corps du peuple n'est pas seulement alors le Souverain, (ce qu'il ne peut jamais cesser d'être) il est en outre le Prince, ou le Magistrat, & le Gouvernement est Démocratique.

Mais, le Gouvernement peut être Aristocratique ou Monarchique, ce qui signifie seulement que le pouvoir exécutif peut être exercé par un seul, ou dépendre de la volonté des suffrages d'un certain nombre de citoyens. Le peuple, pour lors, n'est plus que le Souverain, jusqu'à ce qu'il lui plaise de reprendre le gouvernement, ou le pouvoir exécutif, & de redevenir en sus le Prince ou le Magistrat.

Dans cet étrange vocabulaire, tout n'est cependant pas innovation. Appeller pouvoir souverain le pouvoir législatif illimité, ce n'est pas introduire une nouveauté. L'usage & la raison autorisent également cette dénomination. Selon les notions communes, dans les constitutions simples, le pouvoir législatif réside tout entier, soit dans la main d'un seul, soit dans la pluralité des suffrages du peuple, ou d'un corps particulier, & le Souverain demeure toujours, sinon une seule personne naturelle, du moins une seule personne morale, quoique le pouvoir législatif soit exercé par plusieurs, parce qu'ils ne l'exercent que collectivement, que chacun n'en a pas une portion spéciale, & que, pour en produire les différens actes, il faut que tous ou le plus grand nombre se réduisent à l'unité.

De même encore, suivant les notions communes, dans les constitutions mixtes, une partie du pouvoir législatif est unie au pouvoir exécutif pour rendre indépendant, quant à la conservation de ce dernier pouvoir ceux qui l'exercent. En Angleterre, par exemple, le Roi, par sa faculté d'empêcher, partageant la puissance législative avec la chambre des communes & la chambre haute, garantit ainsi la puissance exécutrice. Dans ces constitutions cependant, le Souverain est également une seule personne morale, quoiqu'il soit plus composé de piéces rapportées, qui peut-être s'accordent & se réduisent à l'unité moins facilement.

Après cela, que le Souverain soit une seule personne individuelle comme un Monarque, ou qu'il soit une seule personne morale; que le pouvoir législatif reste en son entier, ou qu'il se divise en diverses facultés, telles que la faculté de statuer & la faculté d'empêcher, il sera toujours justement appellé pouvoir souverain, puisqu'on ne conçoit jamais l'exercice du pouvoir exécutif comme indépendant & comme irrévocable, qu'autant que les

Administrateurs de ce pouvoir y joignent, comme en Angleterre, une certaine participation au pouvoir législatif, par la faculté d'empêcher.

Quand le possesseur du plein pouvoir législatif, Monarque, Peuple ou Sénat, peut à tous les momens rappeller à lui le pouvoir exécutif, il est vrai de dire que ce dernier pouvoir est éminemment renfermé dans le pouvoir législatif.

Par suite de cette dernière remarque, quelle seroit donc la constitution si faussement qualifiée seule conservatrice de la liberté, seule légitime ? Dans le langage ordinaire & dans la rigueur du terme, cette constitution seroit la pure Démocratie, quoique le pouvoir y pût être exercé par un seul, ou par plusieurs, puisque ces formes d'administrations ne seroient que provisions, & n'auroient lieu que par commission; puisque le peuple, en vertu de son pouvoir législatif, seroit toujours en droit de reprendre le pouvoir exécutif.

[204]

Mais, lorsque le même Auteur restreint les mots, Gouvernement, Monarchie, Aristocratie, Démocratie, à désigner l'administration provisoire du seul pouvoir exécutif, quand cette dégradation de noms est employée pour fortifier ce que l'Auteur avoit déja dit, & qu'il répete sans cesse que le peuple ne peut pas se désaisir du pouvoir législatif, & que ce pouvoir est indivisible & ne peut se partager en diverses facultés réparties en différentes mains, lorsqu'enfin cet Auteur fait ainsi main-basse sur toutes les constitutions simples & mixtes; c'est alors qu'il innove à toute outrance ; c'est alors qu'il étend l'art de raisonner par une méthode qui l'anéantit. Quoi donc un changement arbitraire & qui sera fait d'autorité privée dans les symboles extérieurs de la pensée, suffira-t-il pour retourner toutes les idées, & changer absolument la nature même des choses?

<small>L'extraordinaire définition que l'Auteur donne</small> Il faut pourtant avoir supposé les idées & la nature même des choses aussi pleinement

asservies à la valeur arbitraire & versatile des termes, pour avoir étayé l'exclusive légitimité de la pure Démocratie, par une définition de la loi telle qu'on va l'entendre, & par l'explication qu'elle amènera de la nature de l'acte par lequel le Gouvernement peut être institué dans chaque état.

de la loi, sans venir à l'appui de son système, est encore erronée. Elle annonce mal & l'objet & l'autorité productrice de la loi.

« Quand tout le peuple statue sur tout
» le peuple, alors la matière sur laquelle on
» statue, est générale, comme la volonté
» qui statue. C'est cet acte, dit l'Auteur,
» que j'appelle une loi ».

Après cette définition, suit le développement qui l'éclaircit & qui n'est pas peu nécessaire.

« Quand je dis que l'objet des loix est
» toujours général, j'entends que la loi
» considère les sujets en corps, & les actions
» comme arbitraires, jamais un homme
» comme individu, ni une action particulière.
» Ainsi, la loi peut bien statuer qu'il y aura
» des priviléges, mais elle n'en peut donner

» nommément à personne ; la loi peut faire
» plusieurs classes de citoyens, assigner même
» les qualités qui donneront droit à ces
» classes, mais elle ne peut nommer tels &
» tels pour y être admis ; elle peut établir
» un Gouvernement royal, & une succession
» héréditaire, mais, elle ne peut élire un
» Roi, ni nommer une famille royale ; en
» un mot, toute fonction qui se rapporte à un
» objet individuel n'appartient point à la
» puissance législative ».

Aussi-tôt après cet établissement, sont étalées les conséquences de la définition créée, ce semble pour les engendrer.

« Sur cette idée, nous dit l'Auteur, on
» voit à l'instant qu'il ne faut plus demander
» à qui il appartient de faire les loix, puis-
» qu'elles sont des actes de la volonté géné-
» rale, ni si la loi peut être injuste, puisque
» nul n'est injuste envers lui-même, ni com-
» ment on est libre, & soumis aux loix,

» puisqu'elles ne sont que les regiſtres de
» nos volontés ».

« On voit encore que la loi réuniſſant
» l'univerſalité de la volonté & celle de
» l'objet, ce qu'un homme, quel qu'il puiſſe
» être, ordonne de ſon chef, n'eſt point une
» loi ; ce qu'ordonne même le Souverain,
» c'eſt-à-dire, le peuple en corps, ſur un objet
» particulier, n'eſt pas non plus une loi, mais
» un décret, ni un acte de ſouveraineté,
» mais de magiſtrature ».

Ainſi, pour démontrer l'étonnante aſſertion que, dans chaque état, la puiſſance légiſlative n'appartient qu'au peuple, l'Auteur aura tout dit, quand il aura défini les loix, des actes de la volonté du peuple. Par ce ſeul trait, il aura pleinement convaincu les eſprits, & demander quelque choſe de plus, ſera ſe montrer trop épineux, ou déceler au moins une conception trop lente & trop étroite.

Des loix faites par un corps de peuple ne ſont point les regiſtres des volontés de chaque citoyen, mais de ceux-là feulement, de qui les fuffrages compofent alternativement la pluralité. De pareilles loix n'ont été que trop fouvent dépourvues de juftice & de fageffe, & la maxime, nul n'eft injufte envers lui-même, n'a nulle application au réfultat d'une volonté générale fuffifamment déclarée par la pluralité des fuffrages.

Que la chofe du moins foit une fois décidée; que ce foit enfin, ou l'univerfalité feule, ou la fimple pluralité des fuffrages, qui foit la volonté générale. Au fecond cas, point de liberté dans le fens de l'Auteur; au premier cas, point de loix, dès que l'oppofition d'un feul fuffira pour les empêcher. Dans les délibérations des corps, tel fouvent ne s'oppofe pas & paroît confentir, uniquement parce qu'il craint de hafarder en vain une oppofition fouvent périlleufe.

Cependant la fingularité d'affecter le nom de loix aux feuls ftatuts qui confiderent les fujets en corps & les actions comme abftraites, pourroit

pourroit avoir eu sa racine, dans une opinion confuse, que de tels statuts qui seroient seuls appellés loix, passeroient toujours à la pleine unanimité des suffrages.

Eh! sans doute, une telle opinion n'eût jamais été claire & distincte, ou sérieusement approfondie. Eût-il été possible d'oublier, que les hommes ne se ressemblent pas plus par les affections que par les traits du visage ? Eût-il été possible d'oublier que cette diversité d'affections, suite naturelle de leur organisation, ou de la diversité des positions dans lesquelles ils sont placés, doit produire nécessairement les différences qu'on remarque tous les jours entre eux, dans la manière d'envisager & d'apprécier les choses mêmes qui ne paroissent pas les intéresser personnellement ? Eût-il été possible sur-tout d'oublier la principale source de division & d'opposition entre les hommes, les passions ?

Que le peuple par conséquent ne puisse, comme Souverain, donner nommément à telles ou telles perſonnes des priviléges qu'en qualité de Souverain, il pourra créer par des loix; la délibération roulera-t-elle ſur un objet véritablement étranger à toutes perſonnes particulières? Les paſſions humaines y ſeront-elles tout-à-fait déſintéreſſées? & ſuffit-il de reculer l'eſpérance pour refroidir & même éteindre le deſir? Les citoyens accrédités ne ſongeront-ils pas qu'après avoir fait créer des priviléges par la pluralité des ſuffrages du peuple, agiſſant comme Souverain, il leur ſera facile de les obtenir du Gouvernement, ou de faire qu'ils leur ſoient conférés par la pluralité des ſuffrages du peuple agiſſant comme Gouvernement, ſi le Gouvernement eſt Démocratique? Et par rapport à de tels ſujets de délibération, que feront entre eux les citoyens les plus accrédités, ſinon ce qu'ils ont été, des concurrens, des rivaux? Que réſultera-t-il auſſi de cette concurrence, ſinon ce qu'elle a toujours engendré, les brigues, les cabales, la partialité, la contrariété non d'opinions approfondies, mais de suffrages dictés par les vues particulières, & les passions, & les intérêts privés ? Les Tribuns de Rome étoient-ils poussés par des considérations purement abstraites, quand ils employèrent jusqu'au dernier excès de la violence pour faire recevoir leurs différens projets de loix ? Ne voyoient-ils rien au-delà du moment de l'admission de la loi, quand ils voulurent faire ordonner d'abord, qu'une des deux places de Consuls pourroit être remplie par un Plébéien, ensuite que l'une des deux feroit nécessairement remplie par un citoyen de la classe du peuple, enfin que les deux Consuls & les Censeurs feroient indifféremment élus parmi les Plébéiens & les Patriciens ?

LES mêmes principes dans les hommes, la diversité d'affections & de vues, & les intérêts privés rameneront toujours les mêmes effets ; & l'espoir de l'unanimité provenue de la justesse des vues & de la droiture des

Ce qui vient bien moins encore à l'appui du système contentieux, c'est la fausse explication que donne l'Auteur de la nature de l'acte par lequel *est institué le Gouvernement pour l'administration du pouvoir exécutif.*

intentions, ne sera pas mieux fondé, lorsqu'en qualité de souverain Législateur le peuple délibérera seulement sur le choix d'un Gouvernement, abstraction faite des personnes dont il sera composé.

Mais il faut entendre l'inventeur de ces abstractions nous expliquer lui-même à sa manière la nature de l'acte qu'il appelle institution du Gouvernement.

« Sous quelle idée, nous dit-il, faut-il
» recevoir l'acte par lequel le Gouvernement
» est institué ? Je remarquerai d'abord, pour-
» suit-il, que cet acte est complexe & composé
» de deux autres ; sçavoir, l'établissement
» de la loi, & l'exécution de la loi ».

« Par le premier, le Souverain, c'est-à-
» dire, le corps du peuple, statue qu'il y
» aura un corps de Gouvernement établi
» sous telle & telle forme ; & il est clair que
» cet acte est une loi ».

« Par le second, le peuple nomme les
» chefs qui seront chargés du Gouvernement

» établi. Or, cette nomination étant un
» acte particulier, n'est pas une seconde loi,
» mais seulement une suite de la première,
» & une fonction du Gouvernement ».

« La difficulté, de l'aveu de l'Auteur,
» est d'entendre comment on peut avoir un
» acte de Gouvernement avant que le Gou-
» vernement existe, & comment le peuple,
» qui n'est que souverain ou sujet, peut
» devenir Prince ou Magistrat dans certaines
» circonstances ».

» C'est ici, nous est-il répondu, que se
» découvre une de ces étonnantes propriétés
» du corps politique, par lesquelles il con-
» cilie des opérations contradictoires en appa-
» rence; car celle-ci se fait par une conversion
» subite de la souveraineté en Démocratie;
» en sorte que sans aucun changement sen-
» sible, & seulement par une nouvelle rela-
» tion de tous à tous, les citoyens, devenus
» Magistrats, passent des actes généraux aux
» actes particuliers & de la loi à l'exécution ».

« Ce changement de relation n'est pas une subtilité de spéculation sans exemple dans la pratique; il a lieu tous les jours dans le Parlement d'Angleterre, où la Chambre basse, en certaines occasions, se tourne en grand comité, pour mieux discuter les affaires, & devient ainsi simple commission, de Cour souveraine qu'elle étoit l'instant précédent; en telle sorte qu'elle se fait ensuite rapport à elle-même, comme Chambre des Communes, de ce qu'elle vient de régler en grand comité, & délibère de nouveau sous un titre de ce qu'elle a déjà résolu sous un autre ».

« Tel est l'avantage propre au gouvernement démocratique, de pouvoir être établi dans le fait par un simple acte de la volonté générale. Après quoi, ce gouvernement provisionnel reste en possession, si telle est la forme adoptée, on établit, au nom du Souverain, le gouvernement prescrit par la loi, & tout se trouve ainsi dans la régle.

» Il n'est pas possible d'instituer le gouverne-
» ment d'aucune autre manière légitime &
» sans renoncer aux principes ci-devant
» établis ».

« De ces éclaircissemens, il résulte que
» l'acte qui institue le gouvernement n'est
» point un contrat, mais une loi; que les
» dépositaires de la puissance exécutive ne
» sont point les maîtres du peuple, mais ses
» officiers; qu'il peut les établir & les desti-
» tuer quand il lui plaît; qu'il n'est point
» question pour eux de contracter, mais
» d'obéir, & qu'en se chargeant des fonctions
» que l'état leur impose, ils ne font que
» remplir leur devoir de citoyens, sans avoir
» en aucune sorte le droit de disputer sur les
» conditions ».

« Quand donc il arrive que le peuple
» institue un gouvernement héréditaire, soit
» monarchique dans une famille, soit aristo-
» cratique dans un ordre de citoyens, ce
» n'est point un engagement qu'il prend; c'est

» une forme provisionnelle qu'il donne à
» l'administration jusqu'à ce qu'il lui plaise
» d'en ordonner autrement ».

« Il est vrai que ces changemens sont tou-
» jours dangereux, & qu'il ne faut jamais
» toucher au Gouvernement établi, que lors-
» qu'il devient incompatible avec le bien
» public ; mais cette circonspection est une
» maxime de politique & non une régle de
» droit, & l'état n'est pas plus tenu de laisser
» l'autorité civile à ses chefs, que l'autorité
» militaire à ses généraux.

Cette longue citation atteste au moins que l'infidélité ni l'erreur n'ont point fait substituer un vain phantôme à la place des principes avancés par un Auteur renommé. Mais, c'est en vain qu'il a mis tant d'art à décomposer l'institution du Gouvernement, ou d'une forme d'administration du pouvoir exécutif. Cette décomposition ne favorise aucunement le concours & l'unanimité de suffrages qu'exige fon fyftème, pour avoir quelqu'apparence de liaifon & d'enfemble.

Qu'il divife, s'il le veut, l'inftitution du Gouvernement ou de l'adminiftration du pouvoir exécutif en deux actes, & même en deux tems féparés; que dans un tems la forme qu'aura l'adminiftration du pouvoir exécutif, foit réglée; qu'elle foit établie dans un autre tems, où fe fera la promotion des adminiftrateurs de ce pouvoir; qu'ainfi le premier de ces actes foit une loi dont l'autre acte foit l'exécution, l'activité de l'intérêt privé, fi puiffant pour rompre tout accord & tout concert parmi les hommes, ne fera point arrêtée, fufpendue, ou rallentie par la diftinction du tems où feront confommés deux actes aboutiffans au même terme. Toujours vigilant & clairvoyant, l'intérêt privé ne prendra point le change & fera difcerner la liaifon de la première délibération avec la feconde, & la perfpective de la feconde l'animera, l'enflâmera dans la première. L'homme ne s'abandonne-t-il donc aux élans de l'intérêt privé que pour ce qui remplit actuellement ses désirs ambitieux, & non pour ce qui peut l'acheminer à son but ?

Cependant encore, il ne nous a pas été dit expressément, & ce n'est pas une conséquence des principes ici contestés, que, pour établir une forme d'administration du pouvoir exécutif, chaque peuple, s'il est permis de parler ainsi, soit obligé de s'y prendre à deux fois, & qu'il ne peut confondre dans une seule opération les deux actes qu'on y distinguera de même par la pensée. En effet, à quelle fin l'inventeur d'une aussi vaine décomposition a-t-il spécifié ces deux actes ? Il l'a fait dans la crainte de contredire & dans la vue de renforcer sa propre définition de la loi. Celle-ci, nous a-t-il dit, n'a qu'un objet abstrait & général, & ne regarde jamais quelqu'action, ou quelques personnes particulières; en conséquence, il n'a pas voulu que l'élection de tels ou tels Administrateurs du pouvoir exécutif fût l'ouvrage de la loi. Ce n'est pas tout: il a même conclu, de ce que cette élection, selon lui, n'étoit pas une loi, qu'elle ne pouvoit être l'ouvrage du Souverain par lui désigné; & de la sorte, non-seulement, comme de raison, il attribue au Souverain seul le pouvoir de faire des loix; mais en outre, ce qui n'a pas la même justesse, il ne lui permet pas de faire aucun autre acte. Cependant il n'a pas dessein de priver le corps du peuple du pouvoir de nommer les Administrateurs du pouvoir exécutif; & pour concilier tout, il les lui fait nommer, non plus comme étant le Souverain, mais comme étant Prince ou Magistrat, ou Gouvernement démocratique provisionnelle. Ainsi, pour arriver à ses fins, il n'avoit besoin que d'une décomposition mentale de cette institution du gouvernement qu'il appelle un acte complexe. Il ne devoit pas exiger, comme il n'exige pas, qu'un peuple une première fois s'assemble, pour déclarer en qualité de Souverain, par une loi, quelle sera la forme du gouvernement ou de l'administration du pouvoir exécutif, & qu'ensuite ce peuple s'assemble une seconde fois comme Gouvernement démocratique provisionnel, pour se proroger dans ce titre & dans ses fonctions, ou pour nommer un certain nombre d'Administrateurs du pouvoir exécutif, ou même un Administrateur unique. Tout ce que l'Auteur devroit demander, & tout ce qu'il demande en effet, c'est que, dans l'institution du Gouvernement, un peuple soit considéré comme agissant sous deux relations différentes, d'une part comme Souverain, d'une autre part comme Gouvernement. Or ce changement de relation ne résultera pas du nombre des séances qui se tiendront sur un même objet, & pourra résulter de la nature des actes que renfermera la décision de cet objet & qui seront cependant consommés dans une seule séance.

Mais, si le changement des relations d'un

peuple, dans l'inſtitution d'un Gouvernement pour l'adminiſtration du ſeul pouvoir exécutif, n'a rien d'extérieur, ni de ſenſible, comme l'Auteur l'a préciſément reconnu; ſi l'inſtitution complette d'un tel Gouvernement, y compris la nommation de ceux à qui il ſera confié, peut être le réſultat d'une ſeule délibération, tout ce qui nous eſt dit, à ce ſujet, n'offre pas même l'apparence d'une ſuſpenſion propre à refroidir dans cette délibération la bouillante ardeur de l'intérêt privé.

A quoi bon même s'être ſi fort alambiqué, pour expliquer, comment un peuple, qui ſeroit ſon propre Souverain, pourroit ſe donner d'amovibles Adminiſtrateurs du pouvoir exécutif? En conſidérant cette opération comme un acte complexe qui contienne deux actes différens, en appellant loi l'un de ces actes, en appellant l'autre exécution de la loi, pourquoi dira-t-on que dans une pareille opération, un peuple changeroit de relations, ſe convertiroit en démocratie, & feroit, comme

Souverain, une loi dont il feroit l'application, comme gouvernement ? Ce peuple pourroit mettre en exécution, en qualité de Souverain, la loi qu'il auroit portée en qualité de Souverain. Ce peuple agiroit toujours en vertu de son pouvoir législatif, & comme Souverain, parce que le pouvoir législatif dans toute son étendue contient éminemment & nécessairement le pouvoir exécutif. Le Souverain, ou tout autre être, ne peut-il donc devenir son propre agent sans déroger à sa nature & sans en changer à l'instant ?

En supposant un peuple exerçant la puissance législative illimitée, quelle idée faudroit-il prendre du Gouvernement chargé du pouvoir exécutif ? Ce seroit l'instrument passif des volontés de ce peuple Souverain, ce seroit un agent qui n'auroit aucun droit d'opposition aux loix qu'il seroit chargé d'exécuter; car ce droit d'opposition ne fait pas partie du pouvoir exécutif & n'y peut être uni que comme un dénombrement du pouvoir législatif. Quand, en Angleterre, le Roi fait exécuter les actes du corps législatif, il exécute des loix auxquelles il a participé par son consentement, en n'usant pas de sa faculté d'empêcher. Il agit alors tant en son nom qu'au nom des autres membres du corps législatif. Mais, dès-lors qu'un peuple auroit la puissance législative dans son intégralité, le Gouvernement n'en auroit aucune portion, & par conséquent il n'auroit aucun droit d'opposition aux décisions populaires; il n'agiroit qu'au nom du peuple en les exécutant; il ne seroit pas enfin partie intégrante du Souverain, il n'en seroit que le représentant. Comment donc ce peuple, son propre Souverain, cesseroit-il de l'être, lorsqu'il feroit lui-même ce que le pouvoir exécutif ne pourroit faire qu'en le représentant? Comment dire que pour donner lui-même à ses loix leur exécution, un tel Souverain se convertiroit en représentant de son représentant, ou qu'il cesseroit d'être lui-même, pour devenir le repréfentant de lui-même ? Si vous faites à l'aide de vos bras & de votre induftrie, ce que vous auriez pu faire par le fecours de quelque machine, ceffez-vous donc d'être vous-même pour devenir cette machine dont vous auriez pu tirer le fervice que vous tirez de vous-même.

Faut-il encore relever une autre application des même définitions du mot gouvernement & du mot loi ? C'eft porter la lumière au fein des ténèbres qui femble l'obfcurcir ; c'eft débrouiller un vrai cahos. « L'acte de dé-
» clarer la guerre & celui de faire la paix
» ont été regardés, nous eft-il dit, comme
» des actes de fouveraineté ; ce qui n'eft
» pas, puifque chacun de ces actes n'eft point
» une loi, mais feulement une application
» de la loi, un acte particulier qui détermine
» le cas de la loi »,

Il ne s'agit pas ici du fait de l'envoyé qui va porter la déclaration de guerre, ni du fait de l'Ambaffadeur qui négocie & conclut, au nom de son Souverain, un traité conforme à ses pouvoirs. Personne n'a regardé de pareils actes comme des actes de souveraineté; mais on dit, avec grande raison, qu'il n'appartient qu'au Souverain de décider de la paix ou de la guerre : & ces décisions particulières sont des actes de souveraineté par rapport à tous les sujets du Souverain dont elles émanent, quoiqu'elles ne soient pas des actes de souveraineté par rapport aux membres d'un autre état avec qui la paix ou la guerre se résout. Dans une société relative à quelque objet de commerce, la décision du plus grand nombre des associés qui se rendent aux assemblées régulièrement convoquées, n'oblige-t-elle pas la compagnie entière soit à transiger, soit à soutenir un procès avec une autre compagnie, ou bien avec tels ou tels particuliers, en imposant à ces particuliers, à cette autre compagnie un certain genre de nécessité, sans leur imposer aucune obligation?

Parce que l'homme n'a pas sur toute la

nature un pouvoir législatif, parce qu'il éprouve la résistence de la plupart des êtres qui l'environnent, doit-il, dans tous les rapports avec les êtres extérieurs, être sans volonté, & ne pas diriger selon ces même rapports l'usage de ses forces tant acquises que naturelles? Le Souverain est l'ame du corps politique, il est donc impossible qu'il n'ait point de volonté touchant les relations extérieures du corps politique dont il est l'ame.

La même définition a donc également mal énoncé l'objet & l'autorité productrice de la loi. Cette définition est donc fausse dans ses deux parties.

<small>Pour prouver qu'obéir à la volonté générale, c'est littéralement obéir à soi-même; la volonté générale est présentée tantôt comme extérieure & sensible, tantôt comme invisible & intérieure.</small>

Les subtilités ne sont point encore épuisées. Il faut en essuyer un troisième ordre; comment se sont-elles multipliées de la sorte? Le voici. En construisant dans sa pensée un système qui n'étoit qu'une collection d'idées inconciliables, l'inventeur de ce système a nécessairement senti sa propre pensée soulevée, en repousser, en rejetter tous les fondemens sans cesse retombans épars; delà, l'imagination appellée pour remplacer la raison, pour être comme le sol sur lequel un édifice illusoire & magique pouvoit prendre quelque assiette. Delà, les définitions qui viennent d'être discutées, qui sont si contraires aux notions communes, à la nature des choses, sans être plus favorables au système pour lequel elles ont été forgées. Delà, principalement, les transmutations que va subir le prétendu Souverain de toute société politique, une volonté générale, extérieure & sensible dans un endroit, absolument idéale dans un autre; ici, la pluralité des suffrages; là, l'unanimité des sentimens.

« Tant que plusieurs hommes réunis se
» considèrent comme un seul corps, ils n'ont,
» dit l'Auteur, qu'une seule volonté, qui se
» rapporte à la commune conservation & au
» bien général ».

Eh! quelle est, répondra-t-on, la durée du tems où les hommes ne sont pas des

P 2

hommes ? Quelle est la durée du tems où les hommes perdent de vue leur existence absolue & personnelle pour ne considérer que leur existence relative & sociale ? Quelle est la durée du tems où les hommes négligent leur bien-être particulier pour ne s'occuper que du bien général ? « Sitôt que les hommes
» sont en société, dit ici l'Auteur de l'Esprit
» des Loix, ils cherchent à tourner en leur
» faveur les principaux avantages de cette
» société, ce qui fait entre eux un état
» de guerre ».

Chaque société politique est comme une grande chaîne, dans laquelle tous ceux qu'elle embrasse, tournent, les uns contre les autres, tout ce qui leur reste encore de mouvement libre.

« Mais, ajoute l'Auteur, quand le nœud
» social commence à se relâcher, & l'état
» à s'affoiblir; quand les intérêts particuliers
» commencent à se faire sentir, & les petites
» sociétés à influer sur la grande, l'intérêt

» commun s'altere & trouve des opposans;
» l'unanimité ne régne plus dans les voix;
» la volonté générale n'est plus la volonté
» de tous; il s'éleve des contradictions, des
» débats, & le meilleur avis ne passe pas
» sans disputer ».

Il s'offre à l'esprit une question bien naturelle. Lorsque le meilleur avis ne passe point sans disputes, l'avis qui passe est-il toujours le meilleur?

« Enfin, poursuit l'Auteur, quand l'état
» près de sa ruine ne subsiste plus que par
» une forme illusoire & vaine, que le lien
» social est rompu dans tous les cœurs, que
» le plus vil intérêt se pare effrontément du
» nom sacré du bien public, alors la volonté
» générale devient muette, tous guidés par
» des motifs secrets, n'opinent pas plus comme
» citoyens que si l'état n'eût jamais existé,
» & l'on fait passer faussement sous le nom
» de loix des décrets iniques qui n'ont pour
» but que l'intérêt particulier ».

Eh bien! demandera-t-on à l'Auteur, lorsqu'au sein de votre constitution populaire, la pluralité des suffrages fera triompher ainsi les intérêts privés, lorsqu'elle sera muette cette volonté générale qui ne doit tendre qu'au bien commun, quel parti faudra-t-il prendre? Ou vous dispensez d'obéir en pareil cas à la pluralité des suffrages, ou vous persistez à faire un devoir de s'y soumettre; c'est-à-dire, ou vous affranchissez du devoir de l'obéissance envers la pluralité des suffrages tous ceux dans l'opinion de qui les décisions de cet unique Souverain ne tendront pas au bien public, sans qu'il soit besoin pour cela qu'elles passent évidemment les bornes du pouvoir législatif humain; ou vous enchaînez l'homme par l'obligation d'obéir à des décisions qui ne s'accorderont pas plus avec sa volonté particulière qu'avec l'intérêt public; c'est-à-dire encore, ou vous rendez nulle la constitution par vous adoptée, & vous laissez l'homme sans société comme sans gouvernement, ou vous le dépouillez de l'espece de liberté par vous décrite & déclarée par vous absolument inaliénable.

« Quand les citoyens, guidés par des mo-
» tifs secrets, n'opinent pas plus comme
» citoyens, que si l'état n'eût jamais existé,
» s'ensuit-il delà, reprend l'Auteur, que
» la volonté générale soit anéantie ou cor-
» rompue? Non, dit-il, elle est toujours
» constante, inaltérable & pure, mais elle
» est subordonnée à d'autres qui l'emportent
» sur elle; chacun détachant son intérêt de
» l'intérêt commun, voit bien qu'il ne peut
» l'en séparer tout-à-fait, mais sa part du mal
» public ne lui paroît rien auprès du bien
» exclusif qu'il prétend s'approprier. Ce bien
» particulier excepté, il veut le bien général,
» pour son propre intérêt, tout aussi forte-
» ment qu'aucun autre; même en vendant
» son suffrage à prix d'argent, il n'éteint
» pas en lui la volonté générale, il l'élude.
» La faute qu'il commet, est de changer

P 4

» l'état de la question, & de répondre autre
» chose que ce qu'on lui demande; ensorte
» qu'au lieu de dire par son suffrage, il est
» avantageux à l'état, il dit, il est avantageux
» à tel homme, ou à tel parti, que tel ou
» tel avis passe. Ainsi, la loi de l'ordre pu-
» blic, dans les assemblées, n'est pas tant
» d'y maintenir la volonté générale, que
» de faire qu'elle soit toujours interrogée,
» & qu'elle réponde toujours ».

Est-ce donc ainsi, s'écrie-t-on, après une semblable tirade, est-ce ainsi que la volonté générale est indestructible & d'une rectitude inaltérable? Quand un scélérat, pour faire disparoître son accusateur, joint l'assassinat au vol, même en immolant à sa sûreté le témoin qu'il redoute, il ne détruit pas le remords dans son cœur, il le surmonte, il l'élude, il voudroit n'avoir pas besoin du nouveau crime qu'il commet; mais qu'importe que sa conscience réclame en vain? Qu'importe qu'il ait des remords quand il les furmonte ? Et de quelle utilité font-ils à fa victime ? De quelle utilité fera de même une volonté générale, impénétrable à tous les regards, & cachée au fond du cœur de chaque citoyen ? Voilà donc bien réellement la pluralité des fuffrages remplacée par un Souverain invifible, qui ne rendra que des décifions occultes. Comment s'être flatté de faire fubfifter les fociétés politiques fans leur donner un Souverain que tous les yeux puffent diftinguer, & dont les décifions fuffent notoires ?

Il eft cependant facile, femble répliquer l'Auteur, de difpofer les chofes de manière que la volonté générale foit toujours interrogée & qu'elle réponde toujours, ou de manière que chaque citoyen, en opinant, ne confulte que le bien public.

« Si, quand le peuple fuffifamment in-
» formé délibere, les citoyens n'avoient entre
» eux aucune communication, du grand
» nombre de petites différences, réfulteroit

» toujours la volonté générale, & la délibé-
» ration seroit toujours bonne. Mais, quand
» il se fait des brigues, des associations par-
» tielles aux dépens de la grande, la volonté
» de chacune de ces associations devient gé-
» nérale par rapport à ses membres, & par-
» ticulière par rapport à l'état ».

« Il importe donc pour avoir bien l'énoncé
» de la volonté générale qu'il n'y ait pas de
» société partielle dans l'état, & que chaque
» citoyen n'opine que d'après lui ».

(C'est-à-dire, qu'apparemment il ne faut
point de Nobles, de Patriciens, de Sénat
permanent).

« Telle fut l'unique & sublime institution
» du grand Licurgue. Que s'il y a des
» sociétés partielles, (*car il est difficile de*
» *n'en point avoir*) il en faut multiplier le
» nombre & en prévenir l'inégalité. Ces
» précautions sont les seules bonnes, pour
» que la volonté générale soit toujours éclairée
» & que le peuple ne se trompe point ».

Maximes hazardées, repartira-t-on, & sans conséquence pour le fond du système litigieux, & pernicieuses pour un état populaire. Comment supposer tous les individus d'une nation suffisamment informés sur tous les objets de la législation ? Comment s'assurer que ceux qui les informeront, ne les tromperont pas ? Comment les citoyens prendront-ils de bonnes informations sans avoir entre eux aucune communication avant & pendant les délibérations ? Quels seront d'ailleurs les moyens d'empêcher cette communication ? Les occasions & les motifs de l'entretenir ne seront abolis dans un état, après l'abolition que le grand Licurgue n'a jamais prescrite, de tout corps particulier. Il n'a donc point été trouvé d'expédient pour obliger chaque citoyen à n'opiner que d'après lui.

L'état encore où les brigues seront plus vives, où le peuple sera plus trompé, moins éclairé, l'état qui sera plus facilement opprimé, moins défendu contre les entreprises des Magistrats, sera précisément l'état, où les Magistrats ne verront aucun corps particulier, qui puisse les tenir en respect & servir de barrrière à leur ambition. Le premier point que les Décemvirs arrêtèrent pour assurer leur usurpation, fut d'abolir le Sénat par le fait, en ne l'assemblant plus. Si même la disposition des choses obligeoit chaque citoyen à n'opiner que d'après lui, cela ne feroit pas encore que chaque citoyen ne consultât, en opinant, que le bien public; cela ne feroit donc pas non plus que la volonté générale, uniquement dirigée vers le bien public, fût toujours interrogée, & qu'elle répondît toujours.

Rétrogradez, semble ajouter l'Auteur, remontez à ma définition de la loi; vous concevrez comment chaque citoyen, n'opinant que d'après lui, ne consultera que le bien public; vous concevrez comment la volonté générale est toujours droite, comment elle répond toujours. Elle répond autant qu'elle est interrogée, comme elle ne peut répondre que sur des objets de sa compétence. C'est ce qui va nous être expliqué.

« Les engagemens qui nous lient au corps
» social, ne sont obligatoires, dit l'Auteur,
» que parce qu'ils sont mutuels, & leur na-
» ture est telle qu'en les remplissant, on ne
» peut travailler pour autrui sans travailler
» aussi pour soi. Pourquoi la volonté gé-
» nérale est-elle toujours droite, & pourquoi
» tous veulent-ils constamment le bonheur
» de chacun d'eux, si ce n'est parce qu'il n'y
» a personne qui ne s'approprie ce mot cha-
» cun, & qui ne songe à lui-même en votant
» pour tous? Ce qui prouve que l'égalité
» de droit & la notion de justice qu'elle
» produit, dérive de la préférence que chacun
» se donne, & par conséquent de la nature
» de l'homme; que la volonté générale pour
» être vraiment telle, doit l'être dans son
» objet, ainsi que dans son essence; qu'elle
» doit partir de tous pour s'appliquer à tous,

» & qu'elle perd fa rectitude naturelle lorf-
» qu'elle tend à quelque objet individuel &
» déterminé, parce qu'alors, jugeant de ce
» qui nous eſt étranger, nous n'avons aucun
» vrai principe d'équité qui nous guide ».

« En effet, ſitôt qu'il s'agit d'un fait ou
» d'un droit particulier ſur un point qui n'a
» point été réglé par une convention géné-
» rale & antérieure, l'affaire devient conten-
» tieuſe. C'eſt un procès où les particuliers
» intéreſſés ſont une des parties, & le public
» l'autre; mais où je ne vois ni la loi qu'il
» faut ſuivre, ni le juge qui doit prononcer.
» Il feroit ridicule alors de vouloir s'en
» rapporter à une expreſſe déciſion de la vo-
» lonté générale qui ne peut être que la
» concluſion de l'une des parties, & qui par
» conſéquent n'eſt pour l'autre qu'une vo-
» lonté étrangère, particulière, portée en
» cette occaſion à l'injuſtice, & ſujette à
» l'erreur. Ainſi, de même qu'une volonté
» particulière ne peut repréſenter la volonté

» générale, la volonté générale à son tour
» change de nature, ayant un objet particu-
» lier, & ne peut comme générale, pro-
» noncer ni sur un homme ni sur un fait.
» Quand le peuple d'Athènes, par exemple,
» nommoit ou cassoit ses chefs, décernoit
» des honneurs à l'un, imposoit des peines
» à l'autre, &, par des multitudes de dé-
» crets particuliers, exerçoit indistinctement
» tous les actes du Gouvernement, le peuple
» alors n'avoit plus de volonté génerale,
» proprement dite, il n'agissoit plus comme
» Souverain, mais comme Magistrat ».

A la faveur d'une équivoque, dirons-nous, l'erreur s'allie avec la vérité dans la première partie de ce passage. Ensuite la volonté générale y paroît toujours un être amphibie, un Protée, & cependant sa mutabilité & le rétrécissement de sa compétence, ne rendent pas plus plausible le système dans lequel elle joue ses différens rôles.

Oui, certes, l'engagement qui lie au corps

social chacun de nous, ou qui forme l'état social nous est mutuellement avantageux & mutuellement nécessaire. C'est là ce qui rend cet engagement obligatoire. Il est donc permis de dire en un sens : *les engagemens qui nous lient au corps social ne sont obligatoires que parce qu'ils sont mutuels.* L'engagement singulier de l'un étant joint à l'engagement singulier de l'autre, il en résulte une somme d'engagemens de la même espece, qui, pris ensemble, font un pluriel. Mais il n'est pas permis de dire, ou de faire entendre, que tous nos engagemens dans le corps social doivent être les mêmes. Il n'est ni vrai ni nécessaire que nous y soyons engagés aux mêmes travaux, aux mêmes soins, aux mêmes devoirs. Il n'est pas necessaire enfin que nous y soyons tous également les sujets & le souverain, & cela par une raison bien simple, qui ne permet pas d'en alléguer d'autres; par la raison que tout cela n'est pas possible.

La pluralité ne sera jamais l'universalité,

ni quand le peuple en corps exercera le pouvoir législatif, ni quand il exercera le pouvoir exécutif, & ces deux pouvoirs seront toujours également nécessaires au maintien de la société, & dans quelque main qu'ils résident, ils ne feront le bien de tous qu'en paroissant au moins faire plus particulièrement le bien de quelques-uns. Cependant il est incontestable que les hommes peuvent valablement s'engager à maintenir l'ordre social nécessaire à leur conservation, quoiqu'il ne puisse leur procurer à tous un avantage égal, quoiqu'il ne fasse éclore l'avantage nécessaire à tous que du surcroît d'avantages apparens qu'il assure à quelques-uns.

Quelle est, dans le même passage, la volonté générale dont ce passage tend à nous démontrer l'inaltérable rectitude ? Est-ce le plus grand nombre, ou seulement l'universalité des voix, qui s'appelle en cet endroit la volonté générale ? Ou bien en est-il quelqu'autre ? Comme il a souvent été dit, comme chacun le sent, il seroit absurde de

Tom. I.

Q

vouloir que la seule universalité des suffrages fît les loix, & le plus invincible obstacle à l'unanimité dans les délibérations seroit précisément l'amour de soi, la préférence que chacun se donne. D'un autre côté, si le nom de volonté générale ne désigne ici que la pluralité des suffrages, comment avoir fondé la constante rectitude de cette volonté sur la nature de l'homme & sur la préférence que chacun se donne? Ne sera-ce pas avoir apperçu dans un principe la conséquence opposée à celle qu'il renferme? Ne sera-ce pas avoir fait engendrer par une cause l'effet contraire à son effet naturel? Ce qui nous empêche de suivre l'équité pour régle & pour guide quand nous nous trouvons en concurrence les uns avec les autres, c'est l'amour de nous-mêmes & la préférence que chacun se donne; c'est ce qui fait que nous ne pouvons être juges & parties, sans risquer d'être des juges iniques; c'est ce qui corrompt & pervertit notre jugement, toutes les fois que notre intérêt est en opposition avec l'intérêt d'autrui. Dans un état donc, où la volonté générale, déclarée par la pluralité des suffrages, sera le Souverain; tandis que les citoyens accrédités & leurs partisans pourront chercher à rencontrer leur avantage particulier hors du bien public; la rectitude de la volonté générale sera sans cesse contrariée, plutôt que favorisée, par cet amour de soi qui dérive de la nature de l'homme, & par la préférence que chacun se donne.

Que ce ne soit pas aussi la pluralité des suffrages qui nous ait été donnée pour être la volonté générale, ou le Souverain de chaque état, & pour être toujours droite, puisqu'il nous a même été dit formellement que la volonté de tous n'est pas toujours droite, & qu'elle n'est pas non plus la volonté générale; il faut pour lors imaginer une volonté générale idéale qui ne sera telle que quand il sera certain, qu'en opinant, chaque citoyen aura cherché son bien particulier uniquement

Q 2

dans le bien public : c'est-à-dire (car autrement la chose ne sera jamais assurée) lorsqu'il n'aura pu le chercher ailleurs. Et quand sera-ce que tous les citoyens d'un état seront dans cette heureuse position ? Quand paroîtra la volonté générale ? Comment s'annoncera-t-elle, & se fera-t-elle discerner ? Quand enfin la société humaine sera-t-elle régie & maintenue par une administration légitime & sûre ?

De plus, quoiqu'il soit superflu de l'observer, chacun n'eût-il en vue que le bien public, & pour cet effet chacun fût-il dans l'impuissance de chercher ailleurs son bien particulier, la rectitude des intentions ne garantiroit pas l'uniformité des opinions; & s'il falloit que la volonté générale extérieure partît de tous, cela pourroit encore manquer. La rectitude des intentions ne garantiroit pas non plus l'infaillibilité des décisions, & l'avis qui l'emporteroit, au lieu de l'injustice & de l'intérêt privé, pourroit avoir l'erreur pour principe. La volonté générale qui tendroit alors au bien commun, avec la même rectitude, dont la volonté de chaque homme tend à son propre bien, seroit sujette à l'erreur dans le discernement de ce qui pourroit être favorable ou contraire au bien public, comme la volonté de chaque homme est sujette à l'erreur dans le discernement de ce qu'il doit fuir & de ce qu'il doit rechercher.

Le même passage nous enseigne-t-il encore de nouveau, que chacun ne pourroit chercher son bien particulier autre part que dans le bien public, & qu'ainsi la rectitude de la volonté générale ne seroit point altérée quand la délibération n'auroit pas un objet individuel & déterminé, quand elle auroit un objet général & qui se discuteroit, abstraction faite de toute action & de toutes personnes particulières? Cette proposition est une erreur extrême déja précédemment démontrée. Pour que l'intérêt privé s'irrite & se déchaîne, a-t-il été dit, ce sera bien assez que les avantages fujets à la brigue foient préparés, s'ils ne font pas conférés, par le réfultat des délibérations fur des créations de priviléges, ou fur le choix d'une forme de gouvernement pour l'adminiftration du pouvoir exécutif.

Voulant fe donner le mérite de la conféquence & préferver de toute altération la rectitude de la volonté générale, il falloit franchir le pas & réduire les citoyens de chaque état à n'opiner, comme membres de la fouveraineté, que fur ce qui les intéresseroit tous également, & ne pourroit procurer, ni même préparer aux uns de plus grands avantages qu'aux autres. Cependant, s'il falloit que la volonté générale s'appliquât de la forte à tous, pour qu'elle fût la volonté générale, & pour qu'elle confervât fa rectitude, quand arriveroit-il que les citoyens de chaque état opineroient comme membres de la fouveraineté ? Qui décideroit enfuite de ce qui devroit intéreffer plus particuliérement quelques citoyens & pourroit leur procurer plus d'avantages qu'aux autres ? La souveraineté, ne pouvant enfin être représentée dans l'exercice des droits qui lui seroient étrangers, & conséquemment dans le droit de statuer sur des objets particuliers, d'où naîtroit l'obligation de demeurer soumis à des décisions, qui ne partiroient pas de l'autorité souveraine ou de ses représentans.

Pour trancher enfin absolument sur toutes ces abstractions, qu'a produit une fouille aussi pénible, quel nouveau ciment a-t-elle fourni, qui puisse servir à la stabilité du système contentieux ? Que l'affaire devienne aussi contentieuse lorsqu'il s'agit de décider d'un fait ou d'un droit particulier, que ce soit un procès où les particuliers intéressés soient une des parties, & le public l'autre. Lorque le peuple d'Athènes nommoit ou cassoit ses chefs, décernoit des honneurs à l'un, imposoit des peines à l'autre, qu'en statuant à la pluralité des suffrages sur tous ces points, il ait rendu des décrets particuliers; qu'il n'ait point agi comme Souverain, mais comme Prince, Magiſtrat, Gouvernement, qu'importe ? Ne falloit-il pas que ce peuple ſtatuât à la pluralité des ſuffrages ſur tous ces points, ou qu'en ſon nom il y fût ſtatué par un corps ou par un Magiſtrat unique ? Le pouvoir exécutif, en un mot, n'entre-t-il pas auſſi néceſſairement que le pouvoir légiſlatif dans la formation de toute ſociété politique ? S'il faut donc appeller ſouveraineté l'exercice du pouvoir légiſlatif, & gouvernement l'exercice du pouvoir exécutif, s'il faut avouer que les déciſions relatives à des objets particuliers, feront, à ce titre, ſuſceptibles d'injuſtice & d'erreur; s'il faut regarder ces déciſions comme des actes de gouvernement ou pouvoir exécutif, lors même qu'elles partiront de la pluralité des ſuffrages du peuple, qui ſera d'ailleurs le Souverain; s'il faut, en un mot, accorder tous ces points, le ſyſtême qu'ils compoſent n'en aura pas été plus raiſonnablement combiné. Dès que les citoyens, relativement aux objets particuliers, seront exposés à des décisions que l'injustice & l'erreur, rendront vicieuses, lors même qu'elles partiront de la pluralité des suffrages, qu'importe que la pluralité des suffrages produise de tels actes sous un nom ou sous un autre ? Qu'importe que la pluralité des suffrages prenne alors le nom de gouvernement & qu'elle laisse le nom de souveraineté ? Que sert d'imaginer qu'elle sera pour lors des actes de pouvoir exécutif ? Après l'indispensable aveu, que ce pouvoir, exercé même par la pluralité des suffrages, porte atteinte à la liberté, ce pouvoir n'étant pas moins essentiel à toute société politique que le pouvoir législatif, il est indifférent que ce soit par l'un ou par l'autre de ces pouvoirs que se perde la liberté ; cette perte ne sera pas moins une suite nécessaire de l'association civile & du contrat social.

ENCORE un dernier passage du même écrit à débrouiller, encore un prestige à dissiper

Dernier passage à discuter, où la vo-

lonté générale joue toujours un double rôle.

en y portant le même flambeau, puis incontinent nous sortons de l'abîme & nous revoyons le jour. L'invincible objection qui ne cesse pas d'assiéger & de battre en ruine les fragiles remparts d'un vain système, est trop naturelle pour n'avoir pas été prévue. Un grand effort paroît avoir été fait directement pour l'écarter. Il faut juger avec quel succès. Il faut entendre comment la participation à la souveraineté, c'est-à-dire, la liberté déclarée inaliénable, s'accorde avec la nécessité d'obéir à la pluralité des suffrages de ses concitoyens. Il faut entendre pour cet effet, comment la pluralité des suffrages devient l'unanimité des sentimens, comme aussi par rapport à ce passage, il faut avoir l'ennui de répéter ce qu'il ne faudroit pas même avoir été forcé de dire.

Ecoutons donc le même Auteur pour la dernière fois.

„ Il n'y a, dit-il, qu'une seule loi, qui,
„ par sa nature, exige un consentement

» unanime. C'est le pacte social. Car l'associa-
» tion civile est l'acte du monde le plus volon-
» taire; tout homme étant né libre & maître
» de lui-même, nul ne peut, sous quelque
» prétexte que ce puisse être, l'assujettir sans
» son aveu. Décider que le fils d'un esclave
» naît esclave, c'est décider qu'il ne naît pas
» homme ».

« Si donc lors du pacte social, il s'y trouve
» des opposans, leur opposition n'invalide
» pas le contrat; elle empêche seulement
» qu'ils n'y soient compris; ce sont des
» étrangers parmi des citoyens. Quand l'état
» est institué, le consentement est dans la
» résidence; habiter le territoire, c'est se
» soumettre à la souveraineté ».

« Ceci doit toujours s'entendre d'un état
» libre; car d'ailleurs, la famille, les biens,
» le défaut d'asyle, la nécessité, la violence,
» peuvent retenir un habitant dans le pays
» malgré lui, & alors son séjour seul ne

» suppose plus son consentement au contrat;
» ou à la violation du contrat ».

« Hors ce contrat primitif, la voix du
» plus grand nombre oblige toujours tous
» les autres; c'est une suite du contrat même.
» Mais on demande comment un homme
» peut être libre & forcé de se conformer
» à des volontés qui ne sont pas les siennes?
» Comment les opposans sont-ils libres &
» soumis à des loix auxquelles ils n'ont pas
» consenti » ?

« Je réponds que la question est mal posée.
» Le citoyen consent à toutes les loix,
» même à celles qu'on passe malgré lui, &
» même à celles qui le punissent quand il
» ose en violer quelqu'une. La volonté cons-
» tante de tous les membres de l'état est la
» volonté générale; c'est par elle qu'ils sont
» citoyens & libres. Quand on propose une
» loi dans l'assemblée du peuple, ce qu'on
» leur demande n'est pas précisément s'ils
» approuvent la proposition, ou s'ils la re-

» jettent, mais si elle est conforme à la
» volonté générale qui est la leur; chacun,
» en donnant son suffrage, dit son avis là-
» dessus, & du calcul des voix, se tire la
» déclaration de la volonté générale. Quand
» donc l'avis contraire au mien l'emporte,
» cela ne prouve autre chose, sinon que je
» m'étois trompé, & que ce que j'estimois
» être la volonté générale ne l'étoit pas. Si
» mon avis particulier l'eût emporté, j'aurois
» fait autre chose que ce que j'avois voulu,
» c'est alors que je n'aurois pas été libre ».

« Ceci suppose, il est vrai, que tous les
» caractères de la volonté générale sont encore
» dans la pluralité : quand ils cessent d'y
» être, quelque parti qu'on prenne, il n'y
» a plus de liberté ».

En avançant que, hors du contrat primitif, par une suite de ce contrat même, la voix du plus grand nombre oblige toujours tous les autres, le soi disant interprete du contrat social fait nécessairement penser qu'il ne met aucune différence entre la volonté générale & la pluralité des suffrages. Il semble alors qu'il suffit de lui rappeller ce qu'ailleurs la force de l'évidence & l'expérience des siécles passés, l'a contraint d'avouer; sçavoir, que le peuple est capable de vendre son suffrage à prix d'argent, & qu'il s'en faut bien que les délibérations populaires aient toujours la même rectitude que la volonté générale, laquelle, nous a-t-il dit, est toujours droite, & tend toujours à l'utilité publique.

Si la voix du plus grand nombre est souvent la voix de l'injustice & de l'erreur, & si néanmoins l'obligation d'obéir à cette voix, peut se concilier avec la liberté, dès-lors que cette obligation est la suite d'un contrat antérieur, pourquoi l'obligation d'obéir aux loix d'un monarque ou d'un corps aristocratique, ne se concilieroit-elle pas également avec la liberté, lorsque cette obligation seroit la suite d'un contrat antérieur, expressément ou tacitement formé ? Voilà ce qu'il paroîtroit naturel d'oppofer, fi la volonté générale n'étoit pas diftinguée de la pluralité des fuffrages.

Mais, le même paffage, qui contient l'affertion générale, que la voix du plus grand nombre oblige toujours tous les autres, met à cette affertion une reftriction qui l'anéantit. Le même paffage dit en effet, que la volonté conftante de tous les citoyens eft la volonté générale, & que la déclaration de cette volonté ne fe tire du calcul des voix que quand tous les caractères de cette volonté font encore dans la pluralité. Donc, fuivant ce même paffage, la voix du plus grand nombre n'oblige pas toujours tous les autres, ou plutôt jamais la voix du plus grand nombre n'oblige tous les autres. Ce n'eft jamais le nombre des voix qui détermine l'obligation d'obéir, c'eft le jugement que chacun porte de la décifion qui paffe. On ne peut entendre autrement cette phrafe; du calcul des voix fe tire la déclaration de la volonté générale, supposé que tous les caractères de cette volonté soient encore dans la pluralité. La volonté générale, nous a-t-il été dit, est toujours droite, & toujours tend à l'utilité publique. Voilà donc ses caractères : chacun épluchera donc, pour les y retrouver, chaque décision émanée de la pluralité des suffrages, & ne se contentera pas de s'assurer qu'elle n'aura pas évidemment passé les bornes du pouvoir législatif humain, & quiconque ne reconnoîtra pas les mêmes caractères dans l'une de ces décisions, ne sera plus obligé & ne devra pas être forcé de s'y soumettre. Mais alors, comment se faire quelqu'idée d'un état ainsi gouverné ? Quoi, point d'autre Souverain que la volonté générale, & la pluralité des voix ne sera pas le signe caractéristique & déclaratif de la volonté générale ? Quoi, ce sera par des signes moraux, si sujets à contestation, ce sera par les caractères de la volonté générale qu'on apprendra quand il faudra prendre l'avis du plus grand nombre

pour

pour valable déclaration de cette volonté? Quoi, nul autre signe extérieur, invariable, sensible, purgé de toute équivoque ne fera distinguer cet unique Souverain? Les hommes ne pourront donc vivre en société, qu'à l'aide d'une administration illégitime. Cette dernière conséquence absolument contraire au dessein d'un Auteur, qui prétendoit indiquer une forme d'administration légitime & sûre, n'est pas moins contraire à la raison. Tout le système qui conduit à cette conséquence est donc manifestement erroné.

Un usage, qui ne sera jamais corrigé, contribue beaucoup à brouiller les idées & les principes en toute espèce de science. C'est qu'en poésie & dans le discours oratoire & sur-tout dans le discours familier, on se dispense de peser scrupuleusement ses expressions & ses maximes. Les unes sont étendues au-delà des bornes de leur signification précise, & les autres par-delà l'exacte vérité. Les maximes n'offrent souvent que l'ombre de

Cause ordinaire de l'obscurcissement des idées en toute science & spécialement en matière civile.

la vérité, comme souvent les expressions sont employées suivant une valeur apparente plutôt que réelle. Ensuite, l'exemple entraîne, l'habitude se contracte, & les mêmes abus se glissent & se répandent dans les écrits dogmatiques. Par exemple, dans certains états, comme dans les monarchiques, où le peuple ne s'assemble pas, & ne se fait pas entendre par la pluralité de ses suffrages, un vœu distinct & formel, la fermentation d'une classe particulière de citoyens, unis par un intérêt commun, & grossis par le foible concours de ceux qu'un langage adroit avoit séduits, n'a jamais manqué d'être appellée le vœu, le cri de la nation, tandis que dans ces états, ce n'est pas le vœu, c'est le seul intérêt de la nation qui peut être soumis au calcul. De même, assez ordinairement on a qualifié du nom d'hommes libres les membres d'une démocratie; on a dit que, dans une démocratie, la nation se gouvernoit elle-même, qu'elle étoit son propre souverain, & faisoit ſes loix. Ces expreſſions, ſans doute, s'accordent aſſez avec les apparences, pour être tolérées dans le langage ordinaire, quand elles ne ſont pas interprétées à la rigueur. Mais, veut-on approfondir une matière, ou l'éclaircir? Le ſtyle ne ſçauroit être trop ſtrict. Ce ne ſont pas des ſimulacres impoſteurs qu'il faut préſenter, ce ſont les objets eux-mêmes en nature qu'il faut ſaiſir & dépeindre.

Il eſt donc vrai qu'on ne voit pas le Souverain d'une nation, chez laquelle tout eſt réglé par la pluralité des ſuffrages de ſes citoyens; ce Souverain eſt incertain, variable; les différentes perſonnes qui doivent le compoſer ſont indéterminées; il ne ſe forme, il ne ſe montre, il ne frappe les ſens qu'à chaque déciſion qu'il donne. Tout cela le fait conſidérer, en quelque ſorte, comme nul. Il eſt regardé comme un être de raiſon, parce qu'il n'eſt point un homme. Mais, il n'en eſt pas moins réel, & les énonciations, tolérées par l'ufage, ne feront pas, que le tout, moins une partie, foit le tout. Elles ne détruiront & n'effaceront, ni la diftinction effentielle qui fubfifte entre la pluralité & l'univerfalité, ni les conféquences ci-deffus tirées de cette diftinction. De même encore, aucune énonciation devenue de ftyle, ne peut changer la nature du peuple & lui donner des propriétés qui répugnent à la nature. Ainfi quel qu'ait été le ftyle ufité, fondé fur une légère apparence, il n'eft pas vrai qu'aucun peuple, par la pluralité de fes fuffrages, ait opéré, réellement & complettement, l'établiffement de fes propres loix. La pluralité des fuffrages d'un peuple eft toujours déterminée par fes orateurs, qui le guident, le pouffent, l'entraînent, en difpofent à leur gré. Tout ce qu'on peut dire, pour être exact, c'eft qu'en chaque démocratie, le peuple faifoit fes loix, comme tout inftrument fait l'ouvrage, que l'ouvrier ne pourroit faire fans fe fervir de cet inftrument.

Il n'existe donc aucun prétexte qui puisse autoriser à dire, que, dans la constitution démocratique, l'homme obéit à ses propres loix & conserve sa liberté, considérée même sous un faux jour. Maintenant en envisageant la liberté dans son vrai point de vue, en l'envisageant comme la sûreté de la personne & des possessions, ou comme l'opinion fondée, que chacun doit avoir de sa sûreté, du côté de la législation, du côté de l'administration, du côté de la puissance de juger; personne, du moins avec apparence de raison, ne pourra croire que cette vraie liberté doive trouver dans la constitution démocratique, ou dans les constitutions aristocratique & mixte, de plus solides appuis, que dans la monarchie.

Conséquence générale de la réfutation du système analysé.

Le peuple, principalement dans la législation, ne pouvant s'empêcher d'être soumis à la direction de ses orateurs, cela seul écarte, sans retour, les avantages qu'on imagineroit annexés à la démocratie, à raison de l'identité du sujet & du législateur apparent. Un peuple

Comparez ensemble les différentes constitutions par rapport à la législation dans l'ordre politique & civil.

législateur avoit le plus grand intérêt à ne pas se tromper sur le mérite des loix dont il devoit porter le joug en qualité de sujet : soit. Mais, un tel législateur, étoit incapable de décider par lui-même, & ce mot seul rend, en grande partie, raison de l'histoire des Républiques : il en est la principale clef.

Et quels Souverains peuvent donc être guidés, dans l'exercice de la puissance législative par un intérêt contraire à celui des peuples ? Les corps aristocratiques, peut-être, ainsi que les souverains collectifs des constitutions mixtes. La souveraine autorité perd de sa force, étant éparse parmi les nobles ou sénateurs. Elle perd encore de sa force, en perdant de son état extérieur, &, pour se maintenir, ces possesseurs par indivis de la souveraineté, sont obligés d'appésantir le joug sur leurs sujets. « Ainsi, dit M. de » Montesquieu, les Décemvirs qui formoient » à Rome une Aristocratie, punirent de mort » les écrits satyriques ».

Quant au souverain collectif de la constitution mixte, l'opposition de son intérêt avec l'intérêt des sujets, se fait soupçonner sur-tout dans la législation économique.

Mais, parce que le Souverain, comme dit M. de Montesquieu, ne possede que par son empire, ce que chacun de ses sujets possede par son domaine, parce que la possession du Souverain lui donne plutôt un droit qu'une jouissance, s'il faut avouer que, dans une Monarchie, l'intérêt des sujets doit les affecter plus vivement que le Monarque; il n'est pas moins vrai que dans toutes les parties du Gouvernement, & sur tous les points, cet intérêt est le sien. Quel changement voudroit-il faire dans les loix politiques? Elles tendent toutes à rendre chers & sacrés, son autorité, ses droits & sa personne. Selon tous les publicistes, comme selon la raison, c'est la puissance législative sans partage & sans dépendance qui constitue le Souverain; c'est cette puissance aussi que les loix politi-

ques & fondamentales d'une Monarchie aſſurent au Monarque, & qu'elles aſſurent encore à ſes deſcendans. Ces droits & cette autorité ſont-ils ſuſceptibles de quelque extenſion qui puiſſe être avantageuſe au Monarque ? Les loix civiles & criminelles, & les réglemens de police font régner l'ordre & la tranquillité dans ſes états; a-t-il intérêt d'y ſemer le trouble & la confuſion ? Quelle eſpece d'intérêt encore pourroit le porter à la partialité dans la légiſlation économique ? Au contraire, quelle doit être, à cet égard, la partialité d'une populace, toujours dominante dans la démocratie par ſa ſupériorité dans les ſuffrages ? « Athène avoit un tel Gou-
» vernement, dit M. de Monteſquieu, que
» les riches étoient dans l'oppreſſion, & que
» la populace ſe diſtribuoit les revenus
» publics ».

« Les revenus de l'état, dit l'Auteur le
» plus habile à définir (car il ne faut pas
» toujours répéter le même nom) ſont une

<small>Comparez enſemble les différentes conſtitutions par rapport à la légiſlation économique.</small>

» portion que chaque citoyen donne de son
» bien pour avoir la sûreté de l'autre portion
» ou pour en jouir agréablement ». Les vraies nécessités de l'état sont donc les nécessités des citoyens. Nul état, au reste, n'en est exempt; & si, pour y subvenir, quelqu'état n'a point fait usage des impositions, il n'a point été redevable de cet avantage à la nature de son gouvernement. « Un peuple do-
» minateur, dit M. de Montesquieu, tel
» qu'étoient les Athéniens & les Romains,
» peut s'affranchir de tout impôt, parce
» qu'il régne sur des nations sujettes. A cet
» égard, il n'est pas un peuple, mais un
» monarque. Athènes avoit en outre des
» mines d'argent dont l'état étoit propriétaire,
» & qui produisoient un revenu qui per-
» mettoit de diminuer les impositions. On
» y prenoit cependant des droits d'entrée &
» de sortie sur les marchandises. Enfin, dans
» les grands besoins & nécessités de l'état,
» on levoit des taxes extraordinaires sur tous

L'exemption d'imposition ne sortira point de la nature du Gouvernement.

» les habitans du pays tant naturels qu'é-
» trangers ».

« Dans la Suisse encore on ne paye point
» de tributs; mais on en sçait la raison par-
» ticulière, dit M. de Montesquieu. Dans
» ces montagnes stériles, les vivres sont si
» chers & le pays si peuplé, qu'un Suisse
» paye quatre fois plus à la Nature, qu'un
» Turc ns paye au Sultan ».

<small>Les impositions sont en proportion de la liberté & des autres avantages que le Gouvernement procure.</small>

NON-SEULEMENT l'affranchissement de tout tribut est un avantage, dont un état ne peut être redevable à la nature de son gouvernement, mais encore les nécessités d'un état & le besoin d'impositions ordinaires, sont en proportion de la liberté & des autres avantages, même d'agrément, que le gouvernement procure. Sans prouver, en effet, la dispendieuse utilité, pour ne pas dire nécessité des canaux, des ponts, des grands chemins, des maréchaussées, de tous les genres d'établissemens de police, si l'innocence n'est point assurée, doit-on dire avec

M. de Montesquieu, la liberté ne l'est pas non plus. La liberté n'est pas encore assurée, doit-on ajouter, si les propriétés ne le sont pas. Elle exige donc tout cet appareil d'instruction sur lequel, par exemple, on asseoit en France les jugemens. L'administration de la justice, criminelle & civile, est donc toujours plus dispendieuse à raison de la liberté des sujets.

Ce n'est pas tout : la plupart des abus dans l'administration générale, & dans chaque département d'administration, sont encore une grande cause de dépenses, & la liberté provoque les abus. Hâtons-nous de nous réfugier & de nous mettre à couvert sous un grand nom. M. de Montesquieu distingue deux sortes de liberté politique, c'est-à-dire, relative à l'autorité publique. Il distingue la liberté de la constitution d'avec la liberté du citoyen. La première est l'équilibre des pouvoirs & leur dépendance mutuelle qui résulte de ce que l'un ne peut rien sans l'autre, &

de ce qu'ils ne sont point subordonnés l'un à l'autre ; la seconde est toujours la sûreté pour les personnes & pour leurs possessions. C'est l'avantage d'être à l'abri des condamnations brusques, soudaines, arbitraires. Ces deux espèces de liberté politique n'ayant ni le même principe, ni la même nature, ne sont point inséparablement liées l'une à l'autre, l'une peut exister sans l'autre. « La constitution, dit M. » de Montesquieu, peut être libre, & le ci- » toyen ne l'être pas ». Ainsi, dans une Monarchie, les citoyens perdroient leur liberté, tandis que la constitution deviendroit libre, si le Prince y consentoit de céder à des compagnies d'administration ou de judicature le droit de balancer son autorité. Les Juges, dès ce moment, seroient au-dessus des loix, & la sûreté comme l'opinion de la sûreté s'évanouiroit tout aussi-tôt. De même, les citoyens peuvent jouir de la liberté dans une constitution non libre. Ainsi, la constitution monarchique, n'est point une constitution libre, puisqu'elle établit un pouvoir supérieur & dominant, puisque la dépendance & la subordination à l'égard du Monarque y sont de l'essence des pouvoirs intermédiaires dont il est le principe. Mais elle pourvoit à la sûreté des personnes & des possessions, en ce qu'elle exige des loix fixes, & donne aux sujets des Juges qui sont pris dans la classe des sujets, & qui sont dirigés par des régles, revêtues du sceau de l'autorité suprême, solemnellement publiées, & continuellement exposées à tous les regards. Cela posé, s'il n'est pas besoin de s'étendre, pour faire concevoir, combien les abus sont favorisés par la liberté de la constitution, c'est-à-dire, par la division de l'autorité souveraine & par l'équilibre toujours imparfait des différens pouvoirs d'une constitution mixte; s'il est naturelle que, dans cette constitution, le concert des différens membres du corps législatif, fasse suspecter les moyens qui servent à l'opérer; s'il est même naturel que des administrateurs, tirés du même corps, soient regardés comme étant trop autorisés & trop peu retenus ; il n'est pas moins naturel & moins juste de penser que la liberté du citoyen, sans en devenir moins précieuse & moins sacrée, fait prendre aux abus un certain effort, & les dégage en partie de leurs entraves. La liberté du citoyen résulte de la douceur & de la modération du Gouvernement, de l'importance que donnent la naissance & les dignités, enfin de la multiplicité des formes qui doivent précéder toutes les condamnations, & qui ne pourroient être négligées par rapport aux citoyens distingués, sans faire justement appréhender qu'elles ne le fussent encore bien davantage, par rapport aux citoyens d'un ordre inférieur. Or, une telle liberté ne peut manquer d'inspirer de la confiance ; & dans les postes subalternes, cette espèce de confiance peut être plus ou moins suivie de mauvais effets, selon les progrès de la corruption générale, & selon la diversité des esprits & des caractères, dont un grand nombre ne sçauroit être trop retenu par la crainte. Sans doute, il ne faut pas qu'à cause des méchans, les gens de bien soient privés de la paix & de la confiance qui sont l'un des principaux charmes de la vie. Il ne faut pas que les gens de bien soient sans cesse tenus en alarmes, & les loix doivent plutôt être trop foibles contre le crime que trop fortes contre l'innocence; mais, s'il arrive que ce qui sert de fondement à la sûreté de tous, serve aussi de fondement à l'audace de quelques-uns, ne soyons pas assez insensés pour nous plaindre des inconvéniens inséparables de la liberté.

EN s'attachant toujours à considérer ce qui tient à la nature de chaque constitution, il faut laisser à l'écart les abus qui se glissent dans la perception ou le recouvrement des impositions. Ils ne proviennent pas du fait du gouvernement, ils proviennent du fait de ses régisseurs ou fermiers, & de leurs employés. Par-tout ils peuvent être au même

L'abus dans la perception des impositions ne sont pas du fait du Gouvernement.

dégré, dans la proportion de la grandeur des états, & nulle part ils ne peuvent être tous ou prévenus ou réprimés. Au contraire, il est juste d'imputer au gouvernement les abus dans l'établissement des impositions & dans l'emploi des deniers qu'elles produisent; mais à cet égard, le gouvernement républicain, qui comprend les formes mixtes, n'a nul avantage sur le gouvernement monarchique.

<small>Les riches sont dans l'oppression dans la Démocratie.</small>

DANS l'Aristocratie, le peuple, & dans la Démocratie, les riches, peuvent être dans l'oppression, & se voir accablés de fardeaux injustes. M. de Montesquieu ne vient-il pas déja de le prouver par rapport à la Démocratie? Ne nous a-t-il pas dit, qu'Athènes avoit un tel gouvernement politique, que les riches étoient dans l'oppression, & que le bas peuple se distribuoit les revenus publics? Pour ne laisser même aucun doute sur ce point, il cite le trait suivant du banquet de Xenophon. Dans ce banquet, chaque convive

convive donne à son tour la raison pour laquelle il est content de lui. « Je suis content
» de moi, dit Chamidas, à cause de ma
» pauvreté. Quand j'étois riche, j'étois
» obligé de faire ma cour aux calomniateurs,
» sçachant bien que j'étois plus en état d'en
» recevoir du mal que de leur en faire. La
» république me demandoit toujours quelque
» nouvelle somme. Je ne pouvois m'absenter.
» Depuis que je suis pauvre, j'ai acquis de
» l'autorité. Je menace les autres. Déjà
» les riches se levent de leurs places, & me
» cedent le pas. Je suis un roi, j'étois esclave;
» je payois un tribut à la république, aujourd'hui elle me nourrit. Je ne crains
» pas de perdre, j'espere de gagner ».

Quiconque aura seulement lu l'histoire ancienne de M. Rollin, qui l'a puisée dans les meilleures sources, aura suffisamment appris, par l'expérience des siécles passés, combien les finances peuvent être mal gouvernées dans une démocratie; combien il est possible que

Tom. I.   S

le bas peuple, après avoir extorqué des riches des contributions exorbitantes, les prodigue en folles diffipations. Voici comme M. Rollin réfume toute l'hiftoire du peuple d'Athènes, touchant l'adminiftration des finances. « Une grande partie des revenus pu-
» plics, fur-tout depuis le tems de Périclès,
» fut détournée à des ufages non néceffaires,
» & fouvent même confumée en dépenfes
» frivoles pour des jeux, des fêtes & des
» fpectacles qui coûtoient des fommes immenfes, & n'étoient d'aucune utilité pour
» l'état ».

Quand on ne feroit pas éclairé par l'expérience, la réflexion ne fuffiroit-elle pas, pour faire imaginer, combien le bas peuple, ayant les revenus publics en fa difpofition, doit s'abandonner à la pareffe, à laquelle il eft naturellement enclin & qui le plonge dans la pauvreté? Pour lors il trouve une reffource contre la pauvreté dans le tréfor public; mais ayant épuifé le tréfor public, il ne pourra le remplir qu'en ordonnant des levées sur les nations sujettes, ou sur les citoyens aisés. « Quand un peuple, dit M. de Montesquieu, » joindra sa paresse à la gestion des affaires, » il voudra joindre à sa pauvreté les amuse- » mens du luxe; mais avec sa paresse & son » luxe, il n'y aura que le trésor public qui » puisse être un objet pour lui. Toutefois, » il ne faudra pas s'étonner si les suffrages » se donnent à prix d'argent ».

Dans une Aristocratie, les membres du corps aristocratique, peuvent se dispenser de contribuer aux charges publiques, qui, par là, deviennent plus pesantes pour le peuple. Ils semblent être à la vérité, dans une dépendance respective les uns des autres, mais, l'indépendance de tous naît de la réciprocité de leur dépendance. Ils ont un intérêt mutuel de s'en décharger, en même-tems qu'ils en ont le pouvoir. Cette forme de gouvernement ne fait souvent que multiplier les mains qui pillent en toute liberté le trésor public,

Les nobles dans l'Aristocratie ne portent point les charges publiques. L'exemple de Rome n'est point une objection. Celui de Carthage est une preuve.

& qui, pour cela, se prêtent un secours mutuel, d'autant plus onéreux pour le peuple. Les Magistrats, que Rome envoyoit dans les Provinces, osoient-ils donc voler la République? Il est bien permis d'en douter, ils étoient dans un cas d'exception. Gênés par leurs Quêteurs, avec qui d'abord il auroit fallu s'entendre, moyennant salaire, pourquoi ces Pro-consuls ou Préteurs, auroient-ils voulu s'exposer gratuitement à quelques risques, tandis qu'ils avoient à-peu-près pleine licence de s'engraisser à volonté, en se bornant à piller les sujets de la République? Ils jugeoient bien qu'à leur retour, lorsqu'ils seroient accusés de concussion, il seroit plus honnête & plus décent de compter avec leurs Juges du butin fait en pays conquis, que de leur offrir aucune part d'un larcin fait à la République. Ils jugeoient bien qu'on leur passeroit plutôt d'avoir offensé les sujets de la République, que d'avoir offensé la République elle-même.

Que ne fait pas encore entendre à ce sujet, le mot de Fabricius, après qu'il eut employé tout son crédit, pour faire nommer Consul, & pour opposer à Pirrhus un général habile, mais décrié sous un autre rapport ? Celui-ci voulut exprimer sa reconnoissance à Fabricius. Non, reprit-il, ne me sçachez aucun gré de ce que j'ai fait; j'aime mieux être pillé par le Consul, qu'être emmené captif par l'ennemi. Quand Fabricius parloit de la sorte, le Gouvernement de Rome étoit presque entièrement Aristocratique, & les beaux jours de la République duroient encore; si toutefois l'admiration que sa probité s'est attirée & la réputation qui l'a suivie, n'accusent pas ses contemporains & ne donnent pas à penser, que la vertu n'étoit déjà plus, chez eux, un mérite ordinaire & commun.

A Carthage, où le Gouvernement n'étoit pas même pleinement Aristocratique, les Magistrats ne se liguerent-ils pas contre Annibal, lorsqu'étant devenu Préteur, il voulut les empêcher de piller la République? Ne firent-ils pas l'odacieux complot d'immoler cette grande victime à leur sacrilége avarice? Pour cet effet, n'allerent-ils pas jusqu'à l'accuser devant les Romains? Ne le poursuivirent-ils pas d'asyle en asyle, pour se rendre maîtres de sa personne & le livrer à la vengeance d'un peuple dont il étoit craint autant que haï? « Malheureux, dit » M. de Montesquieu, qui vouloient être » citoyens sans qu'il eût de cité, & tenir » leurs richesses de la main de leurs op- » presseurs!

<small>Dans la constitution mixte, le peuple court également risque de porter seul tout le poids des charges publiques.</small>

CE n'est pas seulement dans l'Aristocratie, que le peuple est en danger de supporter presque seul tout le poids des charges publiques, & d'en voir exemptés, du moins en grande partie, tous ceux sur qui ces charges devroient principalement tomber, parce qu'ils seroient plus en état d'y contribuer. Le peuple court le même risque avec une constitution politique qui rend nécessaire pour la levée de tout impôt, le confentement de fes propres repréfentans. Cette conftitution mixte, où le peuple a des repréfentans, participe beaucoup de la nature de l'Ariftocratie; auffi les inconvéniens qui dérivent de la nature de l'Ariftocratie, dérivent pareillement en partie de la nature de toute conftitution mixte. Voici donc, non comme les chofes fe pafferont, mais comme il eft poffible qu'elles fe paffent dans une telle conftitution. Il peut arriver que, fur des prétextes vains ou légers, les repréfentans du peuple accordent des fubfides, dont, par avance, on leur aura fait part. Il peut arriver auffi, qu'ils fe roidiffent obftinément contre les raifons les plus déterminantes, & qu'ils n'y veuillent entendre qu'après un arrangement fecret & bien digne des ténèbres, qui leur aura, tout au moins, rendu l'équivalent du contingent qu'ils auront à fournir dans les fubfides requis. Le peuple, pour lors, vendu par fes repréfentans, & forcé de payer les impositions nécessaires, sera forcé de payer, en sus, le prix de cette vente. Il est cependant possible que cette vente ait lieu, sans qu'elle soit soldée par le peuple, du moins en surcharge; il est possible que le prix en soit assigné sur la distribution des titres, des dignités, des emplois honorables & lucratifs. Mais ce qui rendroit un pareil marché moins odieux, le rend aussi plus vraisemblable.

Comme dans une Démocratie, les Ministres du peuple sont à lui que parce qu'il les nomme, & parce que la durée de leur exercice est limitée, de même, pour qu'une nation ait véritablement ses représentans dans le corps législatif, il faut qu'elle les nomme & qu'ils ne conservent leurs pouvoirs que pendant un tems déterminé. Voici donc ce qui pourroit encore arriver dans la vraie constitution mixte. Les momentanés représentans du peuple pourroient craindre de laisser échapper une occasion dont le retour ne seroit pas certain, & cette crainte pourroit accroître leur empreſſement à ſaiſir cette occaſion fugitive & leur avidité pour en profiter. Dans une pareille conſtitution, le nombre des ſang-ſues publiques, ou des ſujets parvenus aux places, par d'indignes moyens, pourroit être plus conſidérable, que dans un état où les membres du corps légiſlatif ſeroient à vie.

UNE nation, ſur-tout, qui ſeroit familiariſée avec le libertinage, une nation où le déréglement des mœurs ſeroit affiché, perdroit beaucoup en acquérant le droit de participer à la puiſſance légiſlative, par le miniſtère de ſes repréſentans momentanés ou perpétuels. Le libertinage multiplieroit les beſoins des repréſentans de la nation, & leur avidité ſeroit, au moins, en proportion de leurs beſoins. Toutes les paſſions ouvriroient leurs cœurs & leurs mains à la corruption. L'or qui déjà ſe fait aimer & deſirer par tant de motifs, emprunteroit encore, pour les ſéduire, tous les attraits de la volupté ; tous les vices,

Une nation déréglée dans ſes mœurs n'auroit pas d'avantage à avoir des repréſentans qui participeroient à la puiſſance légiſlative.

défrayés par l'état, en seroient les premières & les plus urgentes nécessités.

<small>Annoncer les vices qui peuvent se glisser dans la constitution mixte, ce n'est pas affirmer que ces vices se sont glissés dans telle constitution mixte particulière.</small>

CONVENIR de bonne foi, qu'un Monarque peut abuser de son pouvoir, ce n'est pas dire, que tous les Monarques en abusent toujours; comme s'appliquer, dans une dissertation morale, à découvrir les artifices de nos passions envers nous-mêmes, ce n'est pas affirmer que tout homme en soit toujours nécessairement la dupe. Ainsi, selon sa constitution précédemment expliquée par M. de Montesquieu, la nation Angloise partage avec son Roi la puissance législative, & n'agit dans l'exercice de cette puissance que par le ministère des représentans. Tout ce qui vient d'être dit néanmoins n'accuse ni les Monarques Anglois d'avoir corrompu leurs associés à la puissance législative, ni ceux-ci de s'être livrés bassement à la corruption. La possibilité & la réalité ne sont certainement pas des termes synonimes. Non, il n'est pas ici question d'inculper les Princes

& les Peuples dont le Gouvernement n'eſt pas purement Monarchique, mais, d'expoſer ce que la connoiſſance de la nature humaine fait appréhender de la part des hommes, ſelon leurs poſitions diverſes, & de balancer les terreurs qu'une forme de gouvernement inſpire, relativement à la législation économique, par les terreurs non moins graves, & non moins fondées, que d'autres formes de gouvernement doivent inſpirer, relativement au même objet.

Non, il n'eſt pas permis de dire, que l'Angleterre ſoit en proie à tous les abus, dont le funeſte germe eſt renfermé dans ſa conſtitution. Il eſt certain que les hommes peuvent vaincre leurs paſſions. Sans le pouvoir de les vaincre, où ſeroit le crime de ne les avoir pas vaincues? Cependant, il eſt également certain, que, dans tout état, le bonheur des peuples dépend beaucoup de la vertu de ceux qui ſont à la tête de l'adminiſtration. Ainſi, les repréſentans d'une nation, admis à concourir à la législation économique, au milieu des facilités qu'ils trouvent à satisfaire leurs passions, peuvent les contenir & les enchaîner; mais ce qui releve leur vertu dégrade la constitution de leur gouvernement, qui ne peut tendre des piéges à leur fragile vertu, sans exposer l'intérêt de l'état aux plus grands risques. C'est par une vertu supérieure & privilégiée qu'on résiste constamment aux occasions de faire son propre bien, par préférence au bien public, ou même au préjudice du bien public; & comme une fatale expérience l'a démontré dans tous les tems, la commune vertu, pour succomber, n'attend même pas les grandes épreuves.

<small>La situation locale de l'Angleterre y rend moins dangereux le droit qu'ont les représentans de la nation de concourir à la législation économique.</small>

CETTE loi de la constitution d'Angleterre, qui rend nécessaire, pour la levée de tout impôt, le consentement des représentans de la nation, pourroit encore être incompatible avec la situation locale de toute autre nation, ou du moins elle seroit, ce semble, par tout ailleurs, plus nuisible qu'elle ne peut l'être en Angleterre. Une pareille loi ne seroit-elle pas déraisonnable chez une nation, qui n'auroit pas le double avantage qu'a la nation Angloise, d'être renfermée dans une isle & d'être comme maîtresse de la mer dont elle est environnée ? « Athènes, dit Xénophon, » (c'est M. de Montesquieu qui le cite) » Athènes a l'empire de la mer ; mais, comme » l'Attique tient à la terre, les ennemis la » ravage tandis qu'elle fait ses expéditions ; » si les Athéniens habitoient une isle, & » avoient, outre cela, l'empire de la mer, » ils auroient le pouvoir de nuire aux autres, » sans qu'on pût leur nuire, tandis qu'ils » seroient les maîtres de la mer : vous di- » riez, ajoute M. de Montesquieu, que » Xénophon a voulu parler de l'Angleterre ».

A l'abri des entreprises du dehors & des invasions soudaines, la nation Angloise ne se voit donc pas attaquée, sans avoir eu connoissance des préparatifs qui se faisoient contre elle, & ce genre de préparatifs en annonce affez clairement la deftination. Chez cette nation la puiffance exécutrice a donc toujours le tems de difpofer tout pour la défenfe. Elle trouve tous les efprits préparés aux fubfides que fait demander la fimple prévoyance, & non pas toujours l'urgente néceffité. Au contraire, chez une nation ouverte aux attaques du dehors, les repréfentans de la nation auroient lieu de regarder toutes les demandes que leur feroit la puiffance exécutrice, comme dénuées de fondement. Elle feule auroit femé les bruits alarmans, qui feroient répandus. Elle auroit tendu des piéges dont on voudroit fe garantir, & cette nation auroit effuyé les plus affreux ravages, & feroit à demi conquife, avant qu'on eût fongé feulement à la mettre en état de défenfe.

En Europe, il eft vrai, toutes les nations qui font ouvertes aux attaques du dehors, font perpétuellement armées & par conféquent toujours en état de repouffer de premières attaques. Mais, lorfque la pofition d'une

nation l'oblige, pendant la paix, à tenir sur pied des forces presqu'auſſi conſidérables que pendant la guerre, il faut que ces forces ſoient à-peu-près fixées pour toujours, & non pas d'année en année. Il faut auſſi qu'il ſoit pourvu pour toujours, & non pas d'année en année, à l'entretient de ces forces, parce que le remède doit être auſſi permanent que le mal, & parce qu'autrement, il ſeroit impoſſible que les dangers à prévenir fuſſent prévenus. Eh bien, M. de Monteſquieu nous aſſure, avec raiſon, que les repréſentans d'une nation ſont une ombre vaine & tout-à-fait illuſoire, quand les forces de terre & de mer, qui ſont confiées à la puiſſance exécutrice, & les levées de deniers néceſſaires pour l'entretient de ces forces, ſont fixées pour toujours & non pas d'année en année. « Si la puiſſance
» légiſlative, dit-il, en parlant pour l'An-
» gleterre, ſtatue, non pas d'année en année,
» mais pour toujours, ſur la levée des deniers
» publics, elle court riſque de perdre ſa

» liberté, parce que la puissance exécutrice
» ne dépendra plus d'elle ; & quand on tient
» un pareil droit pour toujours, il est assez
» indifférent qu'on le tienne de soi ou d'un
» autre. Il en est de même, si elle statue,
» non pas d'année en année, mais pour tou-
» jours, sur les forces de terre & de mer
» qu'elle doit confier à la puissance exé-
» cutrice ».

Et même encore, dans un état ouvert aux attaques du dehors, & par cette raison continuellement armé, supposé que la fixation des forces ordinaires & des contributions destinées à l'entretient de ces forces, repassât d'année en année par la délibération d'un corps populaire ; l'habitude & la nécessité de souscrire sur l'un & sur l'autre point aux demandes de la puissance exécutrice, feroit dégénérer la délibération en une pure formalité, qui seroit sans utilité réelle, & qui ne seroit pas sans danger, n'eût-elle d'autre inconvénient que donner à la puissance exécutrice un funeste

intérêt

intérêt de susciter des guerres, ou de les fomenter. En un mot, dans un état ouvert aux attaques du dehors, il paroîtra toujours absurde que le droit perpétuel de pourvoir à la défense de l'état, & celui d'en déterminer efficacement les moyens, ne soient pas réunis ; que celui-ci soit dans une main, celui-là dans une autre.

« C'EST une expérience éternelle, dit M. de Montesquieu, que tout homme qui a du pouvoir, est porté naturellement à en abuser; il va jusqu'à ce qu'il trouve des limites ». Il semble donc que, dans un état, plus on aura d'hommes revêtus du pouvoir, plus on aura d'abus à souffrir. Il semble donc que dans la législation économique, & dans les autres parties de la législation, on a plus d'abus à craindre, sous le gouvernement de plusieurs, que sous le gouvernement bien affermi d'un seul, lorsque la grandeur de l'état le comporte. Il est vrai que, si la souveraineté n'est pas divisée dans

Qui, des ministres d'un Monarque, ou des membres d'un corps législatif, peut le plus abuser de son pouvoir ?

Tom. I.   T

la Monarchie, l'exercice du pouvoir souverain peut l'être & l'est en effet. Si les représentans d'une nation peuvent donc abuser de la portion d'autorité qu'ils tiennent de la loi constitutive, il faut avouer aussi que les ministres d'un Monarque peuvent abuser de la portion d'autorité qu'il leur confie. Oui, sans doute, il le faut avouer; mais la disparité de condition entre les représentans d'une nation & les ministres d'un Monarque, fait qu'ils n'ont pas une égale liberté de commettre des abus. Les représentans d'une nation sont, en cette qualité, pleinement indépendans du Prince & de la puissance exécutrice. Par conséquent, tandis qu'ils sont poussés par l'intérêt privé, le cri, trop souvent impuissant, de la conscience, peut seul les arrêter. Au contraire, les ministres d'un Monarque demeurent sous sa dépendance, & leur position précaire leur en impose nécessairement. S'ils le trompent, ils s'exposent à perdre sa confiance. S'ils malversent, il peut les faire punir

& se venger lui-même en vengeant l'état. Ils ont à redouter jusqu'à ses soupçons. Ainsi, les constitutions républicaine & mixte secondent & favorisent les abus qui rencontrent, du moins dans la constitution monarchique, un puissant obstacle. Le remède à tous les abus, dans la constitution monarchique, c'est le réveil du Prince qui, pendant son assoupissement, leur laissoit un libre cours. Le remède aux abus, dans les constitutions républicaine & mixte, ce seroit le changement de Gouvernement, remède pire que le mal, & par conséquent bien propre à faire connoître l'excellence du Gouvernement monarchique.

S'il faut croire cependant, avec M. de Montesquieu, que tout homme revêtu du pouvoir est tenté d'en abuser, & qu'il va jusqu'à ce qu'il trouve des limites ; jusqu'où le Monarque n'ira-t-il pas, puisque la constitution monarchique n'admet aucun pouvoir qui ne dépende du sien, & qui n'y soit su-

L'indépendance du Monarque jusques dans la législation économique, est un motif d'espérance, plutôt qu'un motif de crainte.

T 2

bordonné ? Rien, au contraire, n'eſt peut-être plus propre à relever la conſtitution monarchique, que cette maxime même qui vient de paroître l'accuſer & la noircir. L'indépendance du Monarque peut ſans doute avoir ſes inconvéniens ; quoi d'humain en eſt entiérement exempt ? Mais, tout pouvoir, établi pour limiter un autre pouvoir, devant encore néceſſairement être exercé par des hommes, il eſt à craindre qu'une inſtitution, imaginée pour obvier à des inconvéniens réels, n'en engendre d'autres auſſi réels & plus grands. Il eſt naturel d'appréhender que des hommes ne s'abandonnent aux ſuggeſtions de l'intérêt perſonnel. Or, quand le pouvoir des repréſentans d'une nation balance le pouvoir du Prince, ſon intérêt d'abord eſt de ſecouer un joug importun, & d'attirer à lui toute la puiſſance ; &, s'il ne voit aucun jour à réuſſir de ce côté, ſon intérêt pour lors eſt de ſéduire ou de corrompre des collégues, ſur qui ſa puiſſance exécutrice & la diſpensation des grâces lui donnent tant d'afcendant, & que l'intérêt particulier de chacun d'eux follicite vivement de fe laiffer corrompre. Eft-il bien vrai que l'ordre politique divife réellement ceux que rapproche & réunit ainfi l'intérêt perfonnel au moment même que l'ordre politique femble les féparer? L'autorité des repréfentans d'une nation, ainfi qu'on l'imagine au premier abord, fert de contrepoids à l'autorité du Prince. Jamais ils ne refufent de coopérer avec lui dans tout ce qui paroît jufte & néceffaire, ou du moins utile; mais, au contraire, dans tout ce qui bleffe la juftice & les intérêts qu'ils font chargés de défendre, ils refufent de conniver avec lui. Voilà fans doute le plan de conduite qu'ils obfervent tant qu'ils font fourds aux confeils & rébelles aux fuggeftions de l'intérêt privé. Mais, s'il leur arrive un moment de prêter l'oreille à fes perfides accents, bientôt les deux autorités qui devoient former une efpece de contrepoids & fe balancer l'une l'autre, se réduisent en un seul poids beaucoup plus accablant pour le peuple, quoique moins apparent que celui de l'autorité monarchique. Bientôt les deux pouvoirs, destinés à s'enchaîner mutuellement, trafiquent ensemble de leur mutuelle dépendance, & s'accordent aux dépens de ceux que leur dépendance mutuelle avoit flatté d'un vain espoir. Non, dans une constitution où l'autorité suprême est partagée, où les loix sont formées par le concours du Prince & des représentans de la nation, par la réunion enfin des deux parties intégrantes qui composent le Souverain, quand ces parties intégrantes paroissent réunies, non, jamais on ne peut avoir une pleine & solide confiance que ce soit l'intérêt public, & non le rapport des intérêts particuliers qui leur ait servi de lien. N'est-ce pas la considération de la foiblesse humaine qui rend effroyante l'indépendance des Monarques & qui fait craindre qu'elle n'ait des suites fâcheuses?

Peut-on donc faire abstraction de la foiblesse humaine, & ne la compter pour rien dans les représentans d'une nation ? Si pourtant leur foiblesse les entraîne, s'ils succombent aux assauts redoublés de la cupidité, qu'aiguillonnera souvent encore le déréglement des mœurs, n'est-ce pas alors que l'injustice & les abus jailliront librement d'une multitude de sources, & non plus d'une seule ? N'est-ce pas alors que, portés par de nombreux canaux, ils inonderont tout l'état ? Prétendre remédier, par la division du pouvoir, aux inconvéniens qui peuvent résulter de l'indépendance d'un pouvoir supérieur à tous les autres, c'est donc faire choix d'un remède souvent pire que le mal.

En un mot, si la sagesse veut qu'on se prémunisse contre l'abus du pouvoir, voici ce qu'il importe de considérer. L'indépendance d'un seul pouvoir sert de moyen à l'abus du pouvoir. La division du pouvoir, qui le rend dépendant pour en empêcher l'abus, devient elle-même le principe le plus actif de l'abus du pouvoir, parce qu'elle donne, à chacune des parties intégrantes qui forment le Souverain, un intérêt contraire au bien public, intérêt que l'intégralité du pouvoir fait disparoître & détruit radicalement dans le Monarque.

Tandis que le partage du pouvoir, en donnant au Prince un vif intérêt d'entendre ses droits, & de lutter de toute manière contre la constitution, donne en même-tems aux représentans de la nation, la facilité de tourner & de faire valoir à leur profit l'importante prérogative de prêter un consentement libre à tous les actes de la puissance législative ; tandis que le partage du pouvoir devient ainsi le principe de l'abus du pouvoir, se contenter de dire que l'indépendance des Monarques étouffe en eux le principe de tous les abus qu'on peut craindre de leur part dans toutes les parties de la législation, & dans la législation économique en particulier, ce n'eſt pas encore en dire aſſez. Il faut ajouter, que le principe de tous les abus, le mobile qui pouſſe en avant & qui précipite tous les hommes, l'intérêt perſonnel eſt bien plutôt, pour les Princes abſolus, un véritable frein qui les contient & qui les arrête. L'homme va juſqu'à ce qu'il trouve des limites, mais il ne va que lorſqu'il eſt pouſſé par quelqu'intérêt. Et d'abord la moindre attention que les Princes abſolus puiſſent donner à leur intérêt perſonnel, ſuffit ſeule pour leur ôter le deſir d'augmenter leur autorité. L'augmenter ſeroit la détériorer. Et, ſur ce point, il leur eſt impoſſible de s'aveugler. Il eſt donc impoſſible qu'ils aſpirent au deſpotiſme, il eſt impoſſible qu'ils veuillent gouverner arbitrairement, tandis qu'il leur eſt bien plus avantageux de gouverner par des loix fixes & conſtantes. Le deſpotiſme eſt ſouvent plus péſant aux deſpotes qu'aux peuples mêmes. C'eſt M. de Monteſquieu qui le dit, & qui fait remarquer, à ce ſujet, l'industrie avec laquelle le Gouvernement Russe cherche à sortir du Despotisme.

L'intérêt personnel des Monarques ne les presse pas moins fortement, d'user de la plus grande modération, dans l'établissement des impositions. Comment un Monarque pourroit-il vouloir pressurer ses peuples uniquement pour les pressurer ? Comment voudroit-il dévaster son royaume, & s'appauvrir lui-même en appauvrissant ses sujets ? La cupidité qui se fait soupçonner dans les représentans d'une nation ou dans les membres d'un corps aristocratique, peut-elle avoir quelque prise sur l'ame d'un puissant Monarque ? Si l'Empire Romain a long-tems gémi sous les plus farouches despotes, ce ne fut pas la cupidité qui les rendit avides, ce fut leur condition chancelante & mal assurée qui leur fit commettre tous les brigandages que l'histoire leur reproche. D'un côté, l'esprit républicain caché sous les cendres de la république; d'un autre côté, l'ambition en-

La cupidité ne peut avoir prise sur l'ame d'un puissant Monarque; la conduite des Empereurs de Rome n'est point une objection contre cette remarque.

couragée par leurs succès, & comme autorisée par leur propre exemple, menaçoient continuellement l'autorité qu'ils avoient usurpée. Ils n'espéroient conserver & l'empire & la vie que par le secours des soldats, &, pour s'attacher à l'affection des soldats, il falloit assouvir leur insatiable avidité. Delà, les injustices & les cruautés que ces Empereurs exercerent; delà, leur fureur ingénieuse à trouver des prétextes, pour faire condamner à la mort, tous ceux dont les richesses méritoient qu'ils cherchassent à s'en emparer, par la voie de la confiscation. Ce fut la crainte qui les rendit furieux & terribles. Encore quelques-uns d'entre eux, sans doute pour se faire pardonner leurs vices & leurs excès, suites ordinaires du trouble & de l'agitation de l'ame, bien loin d'enfler les impositions générales, s'appliquerent à les diminuer.

Dans le caractère même de leur puissance qu'ils ne pouvoient pas adoucir & tempérer, vu les circonstances, sans risquer de s'en voir dépouiller, ces Empereurs trouvoient encore un nouveau fondement à l'inquiétude, dont ils ressentoient à tous momens les pointes aiguës, & qui les rendit les tyrans les plus farouches, les plus cruels, les plus avides en apparence. Les Empereurs de Rome étoient en effet de véritables Despotes. En vertu de la puissance proconsulaire, dont ils étoient armés, à la différence des anciens Pro-consuls, jusques dans Rome, ils condamnoient arbitrairement, & faisoient exécuter militairement leurs impétueux arrêts. Et si les loix n'étoient point abolies, s'ils n'exerçoient pas toujours par eux-mêmes la puissance de juger, s'ils s'absentoient des jugemens, les juges leur étoient entiérement asservis par la terreur qu'ils continuoient de répandre, & par celle qu'avoit jetté dans tous les esprits l'apparition soudaine de leur puissance, élevée tout-à-coup sur les ruines de la République, & sur les corps amoncelés des proscrits. Une impression vive & généralement répandue

dans toute une nation, s'y conserve longtems. Ce n'est qu'après une suite de siécles qu'elle peut être effacée. Et tel fut l'abattement où l'élévation des Céfars plongea tous les Romains. Dans cet abattement général, les loix devinrent nulles, parce qu'elles ne trouvèrent plus d'organes ni de ministres, ou plutôt parce que les organes des loix ne les firent plus parler que felon le caprice & la volonté momentanée des Empereurs. Leur autorité par cela feul qu'elle annulla l'autorité des loix, fut donc, dans le fait, une autorité pleinement defpotique. Mais, bien loin que cette inquiétude, à laquelle les Empereurs de Rome furent en proie, puiffe troubler les Monarques, & les porter aux mêmes excès, le caractère de leur puiffance leur eft un jufte motif de fe repofer dans la plus parfaite fécurité. " Le Monarque, dit fi bien
" M. de Montefquieu, doit fe juger en fûreté comme le Defpote doit fe croire en
" péril ".

La faculté du Monarque à prodiguer les graces est moins à redouter que la nécessité où se voit le Souverain partiaire de s'acheter des partisans.

Il est aisé de sentir que ce ne sera jamais la cupidité qui déterminera les Monarques à multiplier les impositions; mais ne seroit-il pas à craindre qu'une autre cause ne produisît les mêmes effets ? Ne seroit-il pas à craindre qu'en payant par des libéralités excessives, ou des services réels, ou même l'art de la flatterie, un Monarque ne se fît une nécessité de multiplier les impositions ? De pareilles craintes ne seroient pas absolument chimériques. Trop foible contre l'obsession, trop enclin à faire jouir ses courtisans de ses graces, le Monarque peut oublier que ses peuples jouiroient de ses refus. Mais, ce principe d'abus, bien moins injuste & moins odieux que la cupidité qui peut s'emparer si facilement de la plupart des membres d'un corps aristocratique, & de la plupart des représentans d'une nation, est encore bien plus borné dans ses effets. Il est d'ailleurs combattu, dans les Monarques, par l'intérêt qu'ils ont de ménager l'affection de leurs sujets. Il est impossible que l'affection publique soit pour eux, sans aucun prix, comme il est impossible qu'ils ignorent combien elle peut être attiédie, & même altérée par l'accroissement démesuré des impositions. Si, dans la distribution des bienfaits, ils passent donc un moment les bornes de la circonspection, il est naturel qu'ils se hâtent bientôt d'y rentrer. Il est naturel que pour surcharger de leurs dons quelques-uns de leurs sujets, ils ne veuillent pas surcharger tous les autres de leurs demandes.

Qu'un Prince, qui partagera la puissance législative avec les représentans de sa nation, & qui ne sera qu'une partie du Souverain, répande avec une sorte de profusion les sommes qu'il aura permission de lever sur son peuple, ses motifs seront bientôt pénétrés. Il aura voulu s'acheter des créatures, dont le crédit & l'autorité pussent appuyer ses prétentions, & le mettre à portée de puiser de nouveau dans les fortunes particulières.

Qu'un tel Prince soit encore peu touché de la sensation que ses levées d'argent feront sur son peuple, parce qu'il pensera que les représentans de la nation en partageront tout l'odieux, cela ne sera pas non plus trop surprenant. Mais un Monarque absolu ne peut s'empêcher de sentir qu'il portera seul tout l'odieux des impositions forcées qu'une nécessité palpable ne pourra pas faire excuser, & s'il a des serviteurs zélés & fideles, ou même des subtils & déliés courtisans à récompenser. Il n'a pas du moins à les acheter, ils sont ses sujets & non pas ses associés.

Plus forte que les hommes, la nature a donc élevé dans le cœur des Monarques absolus une véritable barrière qui borne l'action, & l'exercice de leur pouvoir, quoiqu'au dehors, il paroisse entiérement illimité. Cette barrière, c'est le sentiment de leur propre intérêt. L'affection qu'ils ont pour leur propre intérêt, qui les fait paroître entiérement semblables aux autres hommes,

hommes, lorsqu'on la considère en elle-même, les fait paroître entièrement différens des autres hommes, lorsqu'on la considère dans son objet ; parce que c'est leur position particulière seule qui confond tellement leur propre intérêt avec l'intérêt public, qu'ils ne peuvent nuire à l'un sans nuire également à l'autre. Au dehors même, suivant la remarque déjà citée de M. de Montesquieu, la plainte, la prière, les remontrances sont une véritable barrière que les Monarques se plairont nécessairement à reconnoître tant qu'elle ne changera ni de forme, ni de nature. Elle n'est pas moins utile au Prince qu'aux sujets. Elle met les sujets entre le Prince & ses premiers substituts, & l'audace à le surprendre en est du moins extrêmement gênée. Elle fait réfléchir vers lui la seule lumière, propre à le préserver d'être le jouet de tout ce qui l'entoure ; elle rallentit le mouvement immodéré qu'une impulsion étrangère donneroit

Les remontrances sont une barrière extérieure que les Monarques ont intérêt de conserver.

à sa puissance absolue, & de la sorte, elle empêche cette puissance de se consumer elle-même, & de perdre ses principes de conservation en perdant ses qualités essentielles.

FIN DU TOME PREMIER.

ERRATA DU Ier VOLUME.

Pages. Lignes.
19.	16.	changent, *lisez*, change.
35.	9.	& à les manifester, *lisez*, & les manifester.
43.	14.	n'ont, *lisez*, n'a.
50.	13.	ou, *lisez*, &c.
70.	3.	ces, *lisez*, ses.
87.	10.	un corps, *lisez*, un repos.
101.	19.	qui, *lisez*, que.
115.	18.	on appercevroit, *lisez*, on n'appercevroit.
116.	9.	en la loi, *lisez*, en loi.
123.	10.	l'équité, *lisez*, l'iniquité.
124.	14.	celle, *lisez*, celles.
129.	15.	un Juge, *lisez*, un seul Juge.
131.	17.	n'étonneront, *lisez*, n'étonnerent.
135.	5.	qu'ont, *lisez*, qu'on a.
136.	2.	rendroient, *lisez*, rendroit.
138.	4.	civile, *lisez*, civil.
139.	19.	*après le mot* rappeller, *ajoutez*, comme il est nécessaire encore de le rappeller.
144.	4.	montre sa, *lisez*, montre plus sa.
147.	19.	qu'il, *lisez*, qu'elles.
164.	4.	n'indiqueroit-elle, *lisez*, n'indiqueroit.
183.	5.	il seroit nécessaire, *lisez*, il seroit seulement possible.
193.	20.	d'obéir, *lisez*, de n'obéir.
196.	5.	au public, *lisez*, ou prohibé.
197.	12.	la liberté, *lisez*, ta liberté.
202.	7.	la, *lisez*, sa.
203.	16.	quoique le pouvoir y pût, *lisez*, quoique le pouvoir exécutif y pût.
203.	19.	provisions, *lisez*, provisoires.

V 2

Pages.	Lignes.			
206.	12.	établiſſement,	*liſez*,	éclairciſſement.
224.	11.	ſemble,	*liſez*,	ſemblent.
226.	3.	les,	*liſez*,	ſes.
258.	9.	ne ſe fait,	*liſez*,	ne fait.
260.	9.	à la nature,	*liſez*,	à ſa nature.
262.	16.	état,	*liſez*,	éclat.
276.	7.	Quêteurs,	*liſez*,	Queſteurs.
278.	11.	ſans qu'il eût,	*liſez*,	ſans qu'il y eût.
280.	11.	ſont,	*liſez*,	en ſont.
282.	15.	des,	*liſez*,	de ſes.
299.	6.	s'attacher à l'affection	*liſez*,	s'attacher à ſa affection.
304.	11.	des,	*liſez*,	de.

Fin de l'Errata du Tome Premier.

TABLE DES MATIERES.

TOME PREMIER.

Premier motif de traiter le sujet annoncé. Instabilité du préjugé sur ce point. *Page* 3.

Second motif de traiter le sujet annoncé, dangereuses conséquences du préjugé sur ce point. 4.

Ce qui rend ces motifs plus pressans. *ibid.*

État de la question. 5.

Plan & division de ce Discours. *ibid.*

Examens préliminaires. 6.

Autres examens préliminaires. *ibid.*

Première conséquence de ces examens. *ibid.*

Seconde conséquence de ces examens. *ibid.*

Suite des examens préliminaires : parallele des différens Gouvernemens. Résultat de ce parallele. 7.

Conséquence générale de ce parallele & des examens antérieurs. C'est une première proposition préalable à la solution de la question. *ibid.*

Seconde proposition préalable à la solution de la question. *ibid.*

Solution de la question. 8.

Comment la solution de la question est démontrée juste. 9.

Ce qui sert de recommandation à ce Discours : il est comme extrait de l'Esprit des Loix. 10.

Première Partie. 11.

Les institutions politiques sont légitimes en ce qu'elles ont un but légitime, le maintien de la société entre les hommes. *ibid.*

Il n'est pas probable que l'homme se soit tiré par lui-même de l'état de nature. *ibid.*

Il n'est pas probable que l'homme ait inventé la première langue. 12.

Selon l'Ecriture Sainte, l'homme, même avant le déluge, n'étoit point dans le pur état de nature. 13.

L'état social est la suite & l'exécution d'une loi naturelle. *ibid.*

L'état social étoit nécessaire à l'exercice, comme au développement des facultés morales de l'homme. 14.

L'état social est donc conforme à la volonté de Dieu. 15.

Les institutions politiques sont donc conformes à la volonté de Dieu. *ibid.*

Après une longue jouissance de l'état social, sa nécessité & celle des gouvernemens est devenue plus grande & plus indubitable. 16.

Ce qui rend les Gouvernemens nécessaires, les rend encore nécessairement imparfaits. 17.

Ce qui est commun à toutes les institutions politiques, aux différens Souverains. 18.

Les institutions politiques produisent la force publique destinée à procurer la sûreté tant au dedans qu'au dehors. *ibid.*

La force publique ne peut être bien dirigée si les volontés ne sont pas réunies. *ibid.*

Le Souverain, individuel ou collectif, est donc la volonté commune, ou l'ame de l'état. 19.

Les simples sujets sont les membres intelligens du corps politique. 20.

Les sujets sont donc indépendans en tout ce qui est étranger à l'existence commune. *ibid.*

L'unanimité des suffrages ne peut être le Souverain d'un État. Mais ce Souverain peut être individuel ou collectif. 21.

Quelque soit le Souverain, sa volonté, dans sa sphère, oblige tous les membres de l'État, comme les obligeroit leur consentement. *ibid.*

Premières limites de l'autorité souveraine; celles de sa destination. 23.

Secondes limites : l'autorité des loix politiques constitutives. 24.

Troisièmes limites : l'évidence des régles de la justice. *ibid.*

L'homme, par sa nature, est sujet à l'empire de la justice. *ibid.*

L'état social rend l'homme plus susceptible d'être sujet à l'empire de la justice. *ibid.*

Les sociétés d'hommes sont donc sujettes par leur nature & dans toutes leurs relations à l'empire de la justice. 25.

De ces principes, suit la définition de ce qui sert à régler les diverses relations du corps politique; c'est-à-dire, d'abord, objet & définition du droit politique. *ibid.*

Objet & définition du droit civil. 26.

Objet & définition du droit des gens. 27.

La nature des loix constitutives ne permet pas qu'elles empruntent du Souverain leur autorité. *ibid.*

Le consentement d'un peuple à l'établissement même de la démocratie n'auroit pas suffi pour la consacrer, parce que ce consentement est aveugle. 28.

Vainement objecteroit-on le droit civil qui force d'exécuter des engagemens que l'aveugle ignorance a fait contracter. 31.

Les loix constitutives ont donc pour titre extérieur leur exécution suivie, & pour principe consécrateur l'intérêt général. 34.

L'autorité du Souverain n'a donc point d'action sur les loix constitutives qui règlent son action. 36.

Cependant, en certains cas de nécessité, les chefs des États y peuvent être la cause occasionelle de certains changemens dans les loix politiques. 37.

L'erreur & le crime ont été les plus fréquentes causes occasionelles des changemens arrivés dans les loix constitutives. 40.

Le même principe qui consacroit les loix constitutives avant que la prudence ou le crime en eussent occasioné le changement, a consacré ces changemens même. 44.

Idée de l'action du Souverain tant dans les relations internes du corps politique que dans les relations que les citoyens ont entr'eux. 46.

Le Souverain, individuel ou collectif, doit donc avoir la puissance législative pour l'intérieur, & la puissance exécutrice tant pour l'extérieur que pour l'intérieur. 49.

Ce qui rend nécessaire un pouvoir législatif humain en rend l'établissement légitime. 50.

Définition du pouvoir législatif humain. 53.

Véritable idée du législateur humain. *ibid.*

Définition des loix humaines. 55.

Pourquoi il faut démontrer la justesse de la définition des loix humaines. 56.

Justesse de la définition des loix humaines. 57.

L'autorité du légiflateur humain perd toute fa vertu, quand elle eft en oppofition évidente avec l'autorité de la juftice & de la raifon. 62.

Le danger des notions tronquées en matière politique forçoit d'indiquer le terme où finit le pouvoir légiflatif humain. 64.

C'eft feulement par une obligation privée qu'on eft tenu de fe refufer à l'exécution de tout ordre ou de toute loi qui bleffe évidemment la juftice & la raifon. 66.

L'obligation de fe refufer à ce qui bleffe évidemment la juftice & la raifon, tend, tout au plus, à compromettre l'homme vertueux, non la tranquillité publique. 67.

Récapitulation de ce qui précéde. 69.

Il faut paffer à ce qui diftingue les Souverains. 70.

Divifions des conftitutions politiques. ibid.

Loix fondamentales de la Démocratie. 71.

Première qui les comprend toutes. ibid.

Seconde. ibid.

Troifième. 72.

Quatrième. ibid.

Cinquième. ibid.

Sixième. 73.

Septième. 74.

Huitième. 76.

Comment des loix font fondamentales. 78.

Loix fondamentales de l'Ariftocratie. 79.

Première qui fuppofe toutes les autres. ibid.

Seconde. ibid.

Les conftitutions mixtes étant fans nombre, il faut fe borner à la defcription de la conftitution Angloife. 82.

Résumé du tableau de la constitution Angloise. 87.
Résultat à craindre de la constitution Angloise. *ibid.*
Raison pour expliquer la différence de la Monarchie & du Despotisme. *ibid.*
Exposition que fait M. de Montesquieu de la nature & des loix fondamentales du Despotisme. 88.
Définition de la Monarchie dans l'Esprit des Loix. 89.
Autre définition de la Monarchie dans le même Livre. *ibid.*
Conciliation de ces deux définitions de la Monarchie. 90.
Loi fondamentale renfermée dans la définition de la Monarchie. 91.
Autre loi fondamentale dans la Monarchie. 92.
Autre loi fondamentale dans la Monarchie, le droit de remontrances. 94.
Autre loi fondamentale dans la Monarchie, l'existence d'un dépôt de loix. 95.
Appliquer à la Monarchie ce que dit M. de Montesquieu touchant la Monarchie en général. *ibid.*
La Monarchie Françoise a le droit de forcer ou de suppléer l'enregistrement de tout ce qui peut être loi. 96.
L'autorité des représentans du Monarque est sans vertu quand elle est en opposition avec celle du Monarque, même en faveur des loix immuables ou constitutives. 98.
Les loix immuables & constitutives se défendent contre le Monarque par son propre intérêt. 101.
Et par leur autorité purement morale. 102.
Le pouvoir qui limiteroit l'autorité royale, en cas d'évidente contradiction avec les loix immuables, ou constitutives, seroit bientôt illimité. 103.

La facilité d'abuser du nom de l'évidence seroit plus dangereuse dans un corps que dans les particuliers. 104.

L'enregistrement volontaire de ce qui ne peut être loi, seroit nul comme le même enregistrement qui seroit forcé. 105.

La défense que feroit dans la Monarchie un corps politique, d'exécuter une disposition du législateur, seroit une irrégularité doublement funeste. 106.

Première suite fâcheuse d'une telle irrégularité. 108.

Seconde suite fâcheuse de la même irrégularité. 109.

L'indépendance du Monarque est un motif de sécurité pour les sujets. *ibid.*

Les François sentent le mérite de leur constitution. 111.

Il seroit à souhaiter qu'à l'égard de leur constitution, les François joignissent les lumières au sentiment. 112.

Les remontrances sont une barrière d'autant plus forte qu'elle paroît plus foible. 113.

Il seroit à souhaiter qu'en France le contraste de la Monarchie & du Despotisme eut été bien saisi. *ibid.*

L'exécution des loix jusqu'à leur révocation est assurée dans la Monarchie par une loi constitutive. 114.

Exemple de la différence entre l'efficacité & l'immutabilité des loix. 116.

Utilité de la loi constitutive qui garantit dans la Monarchie, l'exécution des autres loix. 122.

Avantage d'avoir des loix fixes & antérieures aux jugemens. 123.

Solidité de la loi constitutive qui garantit, dans la

Monarchie, l'exécution des autres loix. 125.

Autre différence entre la Monarchie & le Despotisme. Le Monarque n'exerce pas & ne doit pas exercer la puissance de juger. 126.

Nulle objection à tirer de l'exemple de S. Louis. 127.

Quelle nature de suffrage attribuer à des Juges présidés par le Monarque. 128.

Funestes conséquences de l'usage qu'un Monarque feroit de la puissance de juger. 130.

Première exception à la règle qui presse le Monarque de ne pas juger lui-même. Il doit prononcer sur les jugemens contraires à ses loix. 132.

En décidant du sort des jugemens civils, le conseil du Prince n'a point directement en vue l'intérêt civil, mais le maintien de la puissance législative du Monarque. 134.

En présence du Monarque les membres de son conseil, quand il s'agit du sort des jugemens civils, n'ont que voix consultative. 137.

Les membres du conseil du Prince peuvent avoir voix délibérative sur le fonds de quelques affaires civiles. 137.

Les membres du conseil ne devroient pas faire fonction de tribunal civil. 138.

Autre exception à la règle qui presse le Monarque de s'abstenir de juger. Il a le droit de prononcer seul la destitution de ses représentans qui se rendent ses concurrens. 138 & 139.

La sûreté des représentans du Monarque n'est point compromise par le droit qu'il a de les destituer en un certain cas. 141.

M. de Montesquieu n'a point entendu contester au

Monarque le droit de deſtituer ſes repréſentans en cas de néceſſité. 143.

Le Monarque n'aura pas à réprimer ſes repréſentans, lorſque ſa vigilance aura prévenu leurs erreurs & leurs écarts. 144.

L'influence de la conſtitution Monarchique ſur la liberté des ſujets juſtifie de nouveau la confiance naturelle que cette conſtitution leur inſpire. 147.

Définition de la liberté conſidérée dans ſes relations actives & paſſives. 149.

La liberté mutuelle ne peut s'accorder avec l'indépendance mutuelle. *ibid.*

La liberté eſt née de l'établiſſement de la ſociété civile. 151.

Il faut ſe réſigner dans l'état civil à voir la liberté néceſſairement en butte à quelques atteintes de la part de la puiſſance publique. *ibid.*

Dans la Monarchie, la liberté eſt aſſurée, du côté du légiſlateur, par ſon impartialité. 153.

Dans la légiſlation économique, le Monarque n'eſt pas plus à craindre qu'un Souverain collectif. 154.

Comment la liberté eſt défendue dans la Monarchie du côté de la puiſſance de juger. *ibid.*

La liberté ſeroit anéantie dans la Monarchie, ſi les Juges étoient indépendans du légiſlateur. 155.

Dans la Monarchie, la liberté ſeroit mieux défendue du côté de la puiſſance de juger ſi tous les jugemens étoient ſommairement motivés. 161.

La pratique de motiver les jugemens eſt par ellemême un devoir. 162 & 163.

Il ne doit pas être impoſſible de motiver les jugemens civils. Avantage de cette pratique. 164.

Il eſt d'un devoir indiſpenſable de motiver les juge-

mens criminels. 166.
Les condamnations à mort, naturelle ou même civile, doivent être l'expression d'une loi formelle.
166 & 167.
Récapitulation de ce qui a suivi la première récapitulation, & annonce de ce qui doit suivre. 168.
Analyse d'un écrit qui contient un système contraire à l'idée ci-dessus, attachée au mot liberté. 171.
Principes fondamentaux du système combattu. 172.
Problême résultant des principes de l'Auteur. 173.
Solution du problême selon l'Auteur de ce problême. 174.
Quatre différens étais destinés à soutenir le système à réfuter. 177.
Comment se forme, selon le même écrit, l'engagement qui lie à la société chaque associé. ibid.
Contre le système analysé, proposition à démontrer dans la dernière partie de ce Discours. 180.
Contre le système analysé, proposition à démontrer incontinent. ibid.
Chaque citoyen ne fait pas toujours partie du Souverain, quand la puissance législative est exercée par le peuple. 180 & 181.
Objection en faveur du système combattu. 184.
Réfutation de l'objection alléguée en faveur du système combattu. 185 & 186.
Un passage du même écrit se tourne contre le système qu'il devoit justifier. 188.
Conséquence de cette discussion, l'incohérence du système attaqué. 197.
Etais particuliers du système à réfuter. ibid.
Les innovations faites par l'Auteur dans l'acception des mots ne servent point au soutien de son sys-

tême. 189.

L'extraordinaire définition que l'Auteur donne de la loi, sans venir à l'appui de son système, est encore erronée. Elle annonce mal & l'objet & l'autorité productrice de la loi. 204 & 205.

Ce qui vient bien moins encore à l'appui du système contentieux, c'est la fausse explication que donne l'auteur de la nature de l'acte par lequel est institué le Gouvernement pour l'administration du pouvoir exécutif. 211 & 212.

Pour prouver qu'obéir à la volonté générale, c'est littéralement obéir à soi-même; la volonté générale est présentée tantôt comme extérieure & sensible, tantôt comme invisible & intérieure. 226.

Dernier passage à discuter, où la volonté générale joue toujours un double rôle. 249 & 250.

Cause ordinaire de l'obscurcissement des idées en toute science & spécialement en matière civile. 257.

Conséquence générale de la réfutation du système analysé. 261.

Comparez ensemble les différentes constitutions par rapport à la législation dans l'ordre politique & civil. *ibid.*

Comparez ensemble les différentes constitutions par rapport à la législation économique. 264.

L'exemption d'imposition ne sortira point de la nature du Gouvernement. 265.

Les impositions sont en proportion de la liberté & des autres avantages que le Gouvernement procure. 266.

Les abus dans la perception des impositions ne sont pas du fait du Gouvernement. 271.

Les riches sont dans l'oppression dans la Démocratie. 272.

Les nobles dans l'Aristocratie ne portent point les charges publiques, &c. 275.

Dans la constitution mixte, le peuple court également risque de porter seul tout le poids des charges publiques. 278.

Une nation déréglée dans ses mœurs n'auroit pas d'avantage à avoir des représentans qui participeroient à la puissance législative. 281.

Annoncer les vices qui peuvent se glisser dans la constitution mixte, &c. 282.

La situation locale de l'Angleterre y rend moins dangereux le droit qu'ont les représentans de la nation de concourir à la législation économique. 284.

Qui, des ministres d'un Monarque, ou des membres d'un corps législatif, peut le plus abuser de son pouvoir ? 289.

L'indépendance du Monarque jusques dans la législation économique, est un motif d'espérance, plutôt qu'un motif de crainte. 291.

La cupidité ne peut avoir prise sur l'ame d'un puissant Monarque, &c. 298.

La faculté du Monarque à prodiguer les graces est moins à redouter que la nécessité où se voit le Souverain partiaire de s'acheter des partisans. 302.

Les remontrances sont une barrière extérieure que les Monarques ont intérêt de conserver. 305.

Fin de la Table du Volume Premier.

www.ingramcontent.com/pod-product-compliance
Lightning Source LLC
Chambersburg PA
CBHW070622160426
43194CB00009B/1342